孩子上小学，你的问题都有答案

饶雪莉 著

海豚出版社
DOLPHIN BOOKS
CIPG 中国国际出版集团

图书在版编目（CIP）数据

孩子上小学，你的问题都有答案/饶雪莉著.--北京：海豚出版社，2021.1
ISBN 978-7-5110-5167-7

Ⅰ.①孩… Ⅱ.①饶… Ⅲ.①小学生－家庭教育
Ⅳ.① G782

中国版本图书馆 CIP 数据核字 (2020) 第 250434 号

孩子上小学，你的问题都有答案
饶雪莉　著

出 版 人	王　磊	
策　　划	田鑫鑫	
责任编辑	李文静	
装帧设计	杨西霞	
责任印制	于浩杰　蔡　丽	
法律顾问	中咨律师事务所　殷斌律师	
出　　版	海豚出版社	
地　　址	北京市西城区百万庄大街 24 号	
邮　　编	100037	
电　　话	010-68325006（销售）　010-68996147（总编室）	
印　　刷	北京金特印刷有限责任公司	
经　　销	新华书店及网络书店	
开　　本	880mm×1230mm　1/32	
印　　张	6.5	
字　　数	130 千字	
印　　数	8000	
版　　次	2021 年 1 月第 1 版　2021 年 1 月第 1 次印刷	
标准书号	ISBN 978-7-5110-5167-7	
定　　价	45.00 元	

序言：轻松做父母，快乐伴孩子

饶雪莉

近几年，因为创作家教类的书籍，我认识了不少年轻的父母，和他们分享了很多教育孩子的心得。每天我打开邮箱、微博或微信时，都能收到一些父母咨询的问题。坦白地说，这些问题多数大同小异，例如孩子在学校被同学欺负了怎么办，孩子不被老师重视怎么办，孩子究竟几岁上小学，孩子做作业拖拉怎么办……对于这些问题，我在《别让孩子伤在小学》系列书籍里都有所涉及。但是出于对孩子的担心和爱护，这些父母还是会觉得自己的孩子是特例，他们内心苦闷，急于寻求帮助。

对于这些提问，我很感动，说明他们对我很信任。同时，我也意识到，每一个孩子对父母来说都是唯一，孩子遭遇到一些问题，父母往往比孩子还着急，还焦虑。

在一次和读者的见面会上，一位母亲向我提问，她接过话筒还没说话，泪水就已经涌出了眼眶。当时，会场一片寂静，大家都纷纷注视着这位激动的母亲。她指着前排一个在凳子上很能折腾的小姑娘，说："饶老师，您看，这就是我家姑娘，她一刻也静不下来，每天我都要给她辅导功课，费很多心思，她的成绩还是很糟糕，老师说她有多动症……"说到这里，她已经泣不成声。

　　大家的目光又投向了那位小姑娘，我也微笑地看着她。也许是感觉到大家都注视着自己，小姑娘很快安静下来，水汪汪的眼睛里流露出些许不安。我和小姑娘简单地交流了几句，她很认真地回答了我的问题。虽然我不是医生，但凭着这些年积累的一些工作经验，我非常自信地告诉这位母亲："你的女儿很正常，根本没有多动症！"事实证明我的说法是正确的，这位母亲紧接着说："是的，我带孩子去医院检查过，医生也说她正常。可是，我就是担心她成绩不好，老师总是不喜欢她。"听到这些，我告诉她："一时的成绩不好不能证明孩子一生的失败，你要相信自己的孩子，并把这份信心传递给老师，相信孩子就是陪伴、疼爱、关注、鼓励、促进，以及所有助益性的推动。当你相信孩子时，孩子的命运就改变了。当你用整个生命去'相信'时，你自己的命运也被改变了。我一直相信，你想让孩子成为什么样的人，她就一定能成为什么样的人！"

　　会场响起了一片掌声，这位母亲很开心，她擦干眼泪说："听您这样说，我就放心了！"

　　我深深知道，我这几句话并不是至理名言，对于现在的年轻父母来说很容易理解。只是很多时候，父母在处理自己孩子的问题时会很迷茫，不知所措，急于寻求帮助。

作为父母，我们只需沉下心，客观对待孩子的教育，一切问题都会迎刃而解。想要做称职的父母，对待任何事物都不能求全责备，尤其是对孩子，只需尽己所能，让一切顺其自然即可。

做个好父亲或母亲，首先要学会调控自己的情绪。无论孩子出现了什么问题，你都不能焦躁不安，否则会适得其反。解决孩子的问题时，你要学会换位思考，站在孩子的角度看待问题，这样你往往会觉得豁然开朗，柳暗花明。

当孩子在学校遇到一些问题时，家长也不必太过紧张，其实这些问题很正常。即使有时家长和老师在一些问题上会发生分歧，家长也应跟老师沟通好，保证孩子健康快乐成长。

为了和老师保持有效沟通，真正有助于孩子成长，家长一定要把握三个原则。第一，厘清问题。看看这是单一的问题，还是班级整体性的问题。如果是单一的问题，你跟老师沟通处理就好；如果是整体性的问题，千万要集体向老师反映。第二，无论和老师沟通什么问题，你都要心平气和，切忌意气行事。第三，在和老师沟通的过程中，切忌指手画脚，你可以在适当的时候提出一些合理的建议，但记得一定要把决定权交给老师。

只要你能够坚持以上三个原则，对孩子的一切问题就都能够应对自如。只要你对孩子不过于苛责，没有过不了的坎。最重要的是，你要和孩子建立一种信任关系，这样孩子会接受你，依赖你，容纳你，否则会排斥你，敌对你，漠视你，那样的话，你的一切努力都会付诸东流。

为了感谢大家对我的信任，在这本书里，我精心选取了一些父母的来信并作答。这些问题都是孩子在成长过程中极容易发生的，有普遍性也有代表性。如果我的回答对你有帮助，我会非常欣慰；如果对你没有帮助，你只做参考即可。不管如何，我想让你知道，管教孩子，家长不可能没有情绪，但重要的是：不要让情绪影响你们的亲子关系。我们要尽量控制好自己的情绪，做孩子情绪表达的示范者，放下焦虑和不安，营造快乐的家庭气氛，为孩子创造一个轻松愉悦的成长环境。

目
录
CONTENTS

第一章

孩子入学前，家长的心态准备

孩子上小学，妈妈很紧张／ 4

为了孩子是否要放弃工作／ 8

孩子差两个月满 6 岁，可以上学吗／ 12

孩子刚好分到了朋友的班里，如何对待／ 15

双胞胎分在一个班还是两个班／ 18

单亲家庭不必刻意隐瞒／ 22

如果你的孩子有缺陷／ 25

第二章

家长与老师的相处之道

如何快速有效地了解孩子的老师／ 32

孩子被老师忽视怎么办／ 35

怎样让孩子喜欢自己的老师／ 39

家长让老师感到不悦怎么办／ 42

总被老师问责的家长，如何化被动为主动 / 45

想给女儿换座位怎么那么难 / 49

怎样向老师争取孩子表演的机会 / 53

家长发现老师犯了知识性的错误，该怎么办 / 57

第三章

家长与孩子作业的相处秘诀

孩子做作业磨蹭，怎么办 / 64

家长究竟该不该帮孩子检查作业 / 68

孩子写作文，可以胡编乱造吗 / 72

巧治孩子上课不专心 / 76

粗心是孩子的通病吗 / 79

谁说回家就得做作业？把自主权交给孩子 / 82

孩子爱上网，约定很重要 / 86

90 分胜过 100 分 / 90

第四章

家长对孩子的情绪疏导

孩子很优秀，家长也别高枕无忧／96

孩子爱"臭美"，妈妈把握"度"／100

是谁让孩子不合群／106

让孩子从"爱花钱"变成"会花钱"／109

孩子与同学有嫌隙，"察己"比"律人"重要／113

孩子产生厌学情绪，怎么办／117

孩子把老师气哭了，怎么办／121

警惕"过度保护"阻碍孩子的成长／125

孩子身兼多职未必是好事／128

赶在孩子12岁前，重塑亲子关系／132

第五章

家长正确引导孩子与学校的"爱恨情仇"

孩子把老师的话当"圣旨"，对不对／140

孩子不上兴趣班会输在起跑线上吗／144

孩子被老师冤枉了，怎么办／148

孩子的东西被同学损坏怎么处理／152

孩子同学多次偷东西，是否应向老师反映／155

孩子总是被同学欺负怎么办／159

孩子转学如何适应新环境／162

孩子在学校受伤，什么情况下学校有责任／166

附录：小学问题百问千答——饶雪莉微访谈实录／170

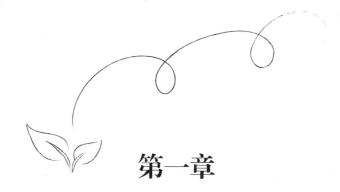

第一章
孩子入学前，家长的心态准备

孩子上小学，妈妈很紧张

我家贝贝今年9月马上要上小学了，不知道为什么，作为家长，我特别紧张。也许是因为常听见周围的朋友说："读小学很苦，有很多作业，一旦孩子表现不好，家长还要被老师请去办公室。"

贝贝似乎也受到了我情绪的影响，对上小学有种恐惧的心理，经常对我说："妈妈，我可不可以不上学？我想待在幼儿园。"每当听到孩子这样天真的话语，我总有说不出的心酸。孩子长大了，上小学是必然的事情，我不知道用什么样的方式来宽慰孩子，鼓励孩子面对新的学习环境。

孩子读一年级，有的家长很紧张，担心孩子是否能够适应新的学习环境，担心孩子进入小学能不能好好学习，等等。其实，家长们大可不必有这样的担心，更不应该受他人言论的影响，把这种担心传递给孩子，让孩子也跟着紧张。孩子上小学是成长过程的必经阶段，家长放松一点就好。孩子的适应能力是很强的，一般一个月之内，就会适应小学生活了。

家长要做的是帮助孩子完成从幼儿园小朋友到小学生的角色转变。

首先，家长应该告诉孩子："小学生活非常有规律，每天有几节课，不同类型的课会由不同的老师上。每节课有 40 分钟，课间休息 10 分钟，你可以和小朋友一起玩，也可以抓紧这 10 分钟去上厕所。"

刚入学的小学生其实感到最新鲜的是两件事：第一件事是每节课会换老师，他们往往会睁着好奇的眼睛观察不同的老师；第二件事就是课间 10 分钟。在幼儿园，每时每刻都有老师盯着、带着、管理着，就算上厕所也要向老师汇报。但是小学就不同了，课间 10 分钟是非常自由的，孩子可以做自己想做的事情，不需要向老师汇报。有的孩子刚开始不知道做什么，也不知道应该去上厕所，结果上课又想上厕所，若是胆小不敢告诉老师，就会造成尿裤子的现象。因此，家长要鼓励孩子勇敢地用语言来表达自己的想法和诉求，不用担心老师会批评。千万不要在孩子入学前用老师的威严来吓唬孩子，这只会增加孩子的紧张情绪。

其次，家长一定要抓住开学这个关键期，抓住孩子对新学校、新老师、新同学的好奇心，经常和孩子聊天，多倾听孩子的话，但不要帮孩子做决定或者帮孩子解决问题。孩子入学肯定会遇到一些问题与困难，这些问题与困难可能是和小伙伴之间的，也可能是和老师之间的。这个时候，建议家长不要先急着下结论，要了解清楚情况后客观地看待问题。可以告诉孩子正确的做法，但最好是引导孩子自己尝试解决。千万不要什么事情都由家长包办代替，这只会增加孩子的依赖感，不能使他尽快独立。

开学这段时间，家长一定还要注意培养孩子良好的学习和生活习惯: 每天让孩子自己整理书包、自己削铅笔、独立完成作业等。此外还要教会孩子自己系鞋带，我见过很多小朋友在学校因为不会系鞋带而摔跤的情景。

还要特别提醒家长的一点是，开学一个月之内，孩子出现了任何学习上的问题都不必紧张，更不必大惊小怪，其实多数问题不是因为孩子不会，而是由于孩子懵懂造成的。

我教过一名学生，第一次听写测试，他交上来一张白纸，考了零分。后来我带他到办公室单独听写，发现他都会写，我就奇怪了，问他: "老师在课堂上听写的时候你在做什么呢? "他对我说: "我不知道要写在这张纸上，我写在了妈妈给我准备的本子上，后来看见大家交这张纸，我也就交了。"

还有的孩子不知道什么叫课堂作业、什么叫家庭作业，把在课堂上做的作业带回家，家庭作业不完成。虽然这些细节老师也会提醒，但老师面对的毕竟是几十个孩子，做不到面面俱到，因此，也需要家长对孩子做特别的说明。

总之，在孩子上小学之前，家长应该尽量给孩子描述一个美好的校园生活画面，让孩子对小学充满期待和向往。比如告诉孩子: "学校比幼儿园更宽敞、更漂亮，有趣的科目更多，老师们都很爱小朋友。小学也比幼儿园更加自由，可以交到更多好朋友，还可以看到许多大哥哥大姐姐。"

当孩子进入小学的第一天，爸爸妈妈应该微笑着鼓励孩子:

"祝贺我的宝贝长大了，成为一名小学生了，从今天开始，你就进入了一个新的学习阶段，祝你上学快乐！"

为了孩子是否要放弃工作

我在事业单位工作，非常稳定。我有一个爱我、疼我的老公和一对善良且待我很好的公公婆婆，可以说生活原本很幸福。但自从有了孩子，为了方便照顾孩子，我将公公婆婆从老家接到了我工作的城市，以保证工作和看孩子两不误。然而，由于在孩子的教育问题上我和公公婆婆之间存在着非常大的分歧，性格很倔的我经常会为了孩子跟公公婆婆生气甚至吵架，原本非常和谐的婆媳关系变得很紧张。老公由于经常出差在外，不常回家，对这些琐事也无可奈何。

如今孩子马上要上小学了，我也知道小学六年对孩子来说很重要。我有几个朋友都在家做全职太太，用心教育和照顾孩子。因此，我也想放弃工作，专职带孩子，让公公婆婆回老家享清福。但是，我老公听了我的想法后，坚决不同意。一是我老公挣钱不多，如果靠他一个人的工资养整个家庭，负担会很重；二是我老公觉得公公婆婆带孩子这么多年，和孩子建立了很深的感情，现在孩子大了，让他们回去，实在有种"过河拆桥"的感觉，会很伤老人的心。

但是，孩子现在上学，会遇到更多教育的问题，我担心跟公公婆婆的矛盾会越来越大，影响关系不说，还会连带影响我与老公之间的感情。孩子只有一个，没教育好就不能重来。为了孩子，我是否应该放弃现在的工作？

不知道你有没有听过这样一句话："对孩子最好的引导和教育就是努力走好你自己的人生路。"你的一言一行、一举一动，你热爱工作、积极生活的态度，才能带动孩子对生活和学习的热情。

就你目前的情况，根本没必要放弃自己稳定的工作，你只是和公公婆婆的沟通出现了问题，这些问题通过努力是完全可以解决的。

在工作之余或休息日，你应该多和孩子相处，倾听孩子的心声，观察孩子的表现，以身作则地教育孩子。在你忙工作的时候，孩子不得不接受爷爷奶奶的教育，你应该这样做：主动与老人沟通，经常了解、关心孩子的成长情况，与老人探讨教育的方法，尽父母应尽之责。当发现老人对孩子有溺爱的现象或不妥当的教育方法时，应从侧面提醒老人，使老人意识到自己教育方式的不妥，切不可当众训斥老人，那样只会伤了老人的心，更不能当着孩子的面说老人的不是，这样会影响老人在孩子心中的威信。经常向老人讲一些教育案例，或者推荐一些教育书刊，丰富老人的教育知识，转变老人的教育观念，从而在家庭中取得教育上的协调一致，提高家庭教育的质量。当然，当老师通知家长到学校开家长座谈会或者沟通孩子的问题时，父母最好亲自去，不要推给老人。若实在没有时间，也要在电话里和老师另外约定时间。

虽说隔代教育有弊端，但如今，一部分老人在育儿方面经验也十分丰富，方法得当，由他们来带孙辈，孩子也能够获得比较好的成长。在我多年的教学生涯中，也教过不少由祖辈带大的孩子，他们爱学习、讲礼貌、尊重老师、团结同学，是人见人爱的好孩子。我想，这和父母与老人的和谐沟通是分不开的。

　　带孩子是件劳心劳力的事情，还有重大的责任，这对老人来说很不容易。做儿女的应该多些感激、少些埋怨，也不要因为孩子有了问题就把责任推卸给老人。若把老人送走了，你自己做全职太太，把全部身心都扑在孩子身上，你同样会遇到很多的苦恼。

　　你离开了工作圈子，孩子上学的时候，你独自在家，渐渐地生活会越来越空虚。你会把所有的精力都放在孩子身上，失去自我。长期下去，不仅带给孩子很大的压力，自己也会找不到生活的乐趣。

　　我教过一个孩子，每次开家长座谈会，他都坚决不准他妈妈来。孩子的爸爸在外地工作，只能在电话里向我请假。后来我问孩子："你爸爸没有空，你为什么不让妈妈来开会啊？"孩子说："我妈妈只会做家务，什么都不懂，别人的妈妈都有工作，我的妈妈没有，我觉得她听不懂老师说什么。"

　　父母是孩子的第一责任人，同时，父母也是孩子心中的榜样。你有自己的工作、自己的朋友、自己的生活圈子、自己的兴趣爱好……才能对孩子产生积极的影响，获得孩子的尊重。

　　作为父母，我们都爱孩子，但一名成功的家长，绝对不会把孩子作为家庭唯一的重心。一定是先做真实的自己，再做父亲或母亲！你和孩子都是独立的个体，有时你迁就他，有时他融入你。别忘记：你的眼界和兴趣决定了孩子真正的生活品质，你的努力和追求会带给孩子潜移默化的影响。

好好工作，好好爱孩子，好好和老人沟通，你一定会获得更加幸福的生活！

孩子差两个月满 6 岁，可以上学吗

有一个问题一直困扰着我，我看过很多家教类的书，知道不能让孩子早上学，应该让她享受快乐的童年，但是最近我为这件事情和孩子的父亲闹得很不愉快。因为我的女儿妞妞是 10 月底出生的，今年 9 月上学的话，还差两个月才满 6 岁。我周围有些差不多大的小孩，大多数父母想让孩子早上学，而我心想：就顺其自然，明年再让妞妞上学吧。但突然，我们这边的教育局有了一个新规定，9 月 1 日之后到 12 月 31 日之前出生的小孩，也可以报名上学。我老公知道后执意让孩子去报名，他说："既然教育局都规定这段时间出生的孩子可以报名，为什么不让孩子上学呢？女孩子早上学好。真不知你为什么要拖孩子的后腿。"我给老公讲了很多孩子早上学的弊端，可是，他听完后嗤之以鼻："我看你是看那些教育书看糊涂了，孩子只小两个月有什么问题呢？"他还说我是教条主义。所以现在，我不知道究竟该不该让妞妞今年上学。

据我所知，绝大多数发达国家规定小学入学的年龄都在 6 岁以上，这是有科学依据的。根据儿童身心发展的规律，学龄前儿童的学习以游戏的方式为主，而进入小学后是以课堂学习为主，开始有各种严格的规章、制度、标准、计划来约束，让孩子系统地学习知识。另一项针对 100 名提前入学的小学生的调查中，只有 18% 的孩子对学习感兴趣，56% 的孩子学习成绩不理想，16% 的孩子上课坐不住。

当然，这世上很多事情，都有特例。孩子早上学，有好的个案，也有差的个案。

我有个同事的女儿，4 岁半上学，从不让父母费心，一路奏响凯歌，28 岁就在一家跨国公司做 CEO。我的同事可以很骄傲地说："孩子早上学好！"我还教过一名学生，她的妈妈同样是一名老师，在孩子 5 岁时就被送进小学。这个孩子小学毕业后进入初中，成绩不理想，妈妈想到她反正年龄小，便给她降了一级。但是，她留级后学习还是很困难。到了高中，妈妈想到孩子也不算大，为了她的将来，干脆再留一级。高考的时候，孩子没有考上大学，又开始复读。这样折腾一番，当初小学同班同学都快大学毕业了，这个孩子还没迈进大学的门槛。她妈妈无比后悔地对我说："唉！早知道当初不让她那么早上学，现在什么都比别人慢半拍！"

抛开这些特例，从整体来看，早上学，特别是过早上学，对于孩子的心理成长是弊远大于利的。有些早上学的小孩，在小学甚至初中，表现都不错，和年龄大些的孩子没什么区别，家长也会由此判断自己当初给孩子做的选择是对的。但这种提前教育造成的一些心理问题，往往要等孩子接近成年甚至成年后才会一点点体现出来，如果控制得不好或不能很好地调整，就会伴随其一生。

据我观察，多数早上学的孩子存在的问题并不是智力的问题，通常是学习速度跟不上、专注时间短、心理承受能力差等。而且多数老师也难免对于年龄小的孩子会更加爱护，当这些孩子在学习上欠佳的时候，老师会对自己说："他们是因为太小了，再大一点会好些。"从而降低对孩子的要求。

当然，如果孩子的年龄离上学年龄差距不大，能不能早上学，最关键的是看你孩子目前的状态，因为你的孩子只小了两个月，不算太小。如果孩子的智力、体力、能力、心理素质和动作速度都和上学年龄的孩子相仿，是可以上的。如果差距较大，你就要和家人慎重考虑了。你在和孩子父亲商量的时候，也应该以孩子目前的状况为主要的讨论因素。建议你们先观察一下孩子的情况再做决定吧！

孩子刚好分到了朋友的班里，如何对待

我有一个从小玩到大的闺密，在我们市一所重点小学教语文兼任班主任。说来也巧，今年她刚好准备接一年级，而我的儿子也在今年就读小学。闺密让我别操心，对我说："你的儿子就是我的儿子，他上学的事情我帮你关注着，最好他能分到我的班，那样我就更方便照顾他了。"

其他朋友都特别羡慕我有这么一个老师朋友，不用为孩子上学的事情太过辛苦奔波，毕竟她可以给建议。我也信任我的闺密，如果孩子分到她的班，她绝对不会亏待我的儿子，但是我的内心还是惴惴不安，我担心儿子跟老师的关系太过亲密，会不会对他的成长不利？

如果你的孩子刚好分到了闺密的班里，她可能碍于面子格外照顾你的孩子。不过，这样不利于孩子更好地成长。我完全能体会你矛盾的心情，我相信只要你向闺密坦诚地说出你的顾虑并说明不必区别对待你的儿子，她一定可以接受的，因为你们毕竟是好朋友，大家的初衷都是为了孩子好，她作为一名老师，也应该理解你的做法。

有的家长对孩子呵护有加，自己的孩子如果分到教师朋友的班上，家长会认为孩子可以得到优先照顾，却不知，这种做法，往往弊大于利。

童童妈有个好朋友叫梅子，是一所重点小学的老师，还是班主任。童童入学那一年，梅子也刚好接一年级。童童妈是满心欢喜，因为童童分进了梅子的班里，就让童童拜梅子为干妈。因为有了这层关系，两家人经常在一起聚会。班主任是自己的干妈，这让童童在班里有极强的优越感，不仅随便欺负同学，还公然在课堂上对抗梅子。梅子念在和童童妈的关系，不好责备童童。不仅如此，梅子还违心地说童童是个"三好生"。童童妈认为自己的孩子果真那么优秀，逢人便夸。童童升入初中后，老师突然变得陌生，童童瞬间失去了小学时的优越感，心理上有了巨大的落差，脾气古怪叛逆，成绩也急速下降。初中老师自然不太喜欢童童，多次找童童妈谈话，童童妈彻底蒙了。她不明白一向在她眼中优秀的孩子为什么会变成这样。其实，她不知道，孩子在小学时代的"优秀"都是被干妈照顾后的假象，一旦失去了这份特殊的"照顾"，孩子的"形象"自然"一落千丈"。

孩子如果和老师有特别亲密的关系，老师与孩子之间的距离过近，这对老师和孩子来说都不是一件好事。

有职业操守的老师绝不会"走后门"，把自己的孩子放到自己班里，因为这样做的话，有违师德并且孩子会特别难管。其实这是小孩子的本性使然。孩子在学校被要求听老师的话，因为老师在孩子的眼里有距离感。但当老师变成父母以后，天天见面，日常生活琐事都在一起，没有了距离感，无论这位老师多么优秀，多么会教育学生，在他们自己孩子的眼中，父母就是父母，孩子在老师面前乖巧听话，在父母面前就可以随性而为。因此，学生和老师之间一定不要太过熟悉，要保持一定的距离，只有产生了距离感，孩子才会听老师的话，而孩子也要在和其他孩子平等的环境下，才能更好地锻炼自己。

你可以让你的孩子就读闺密所在的重点小学，没有分到闺密的班级也不是一件坏事，反而是一件好事。孩子可以在班级里全面展现自己，得到老师公平的对待。假如真有什么急事，闺密也能帮忙。这对孩子是好事，也不会伤害你和闺密的友情。

双胞胎分在一个班还是两个班

我有一对双胞胎女儿，大宝和小宝。大宝比较调皮，小宝比较内敛。两人虽然有时有些小打小闹，但毕竟是亲姐妹，每天黏在一起，谁也舍不得谁离开。上幼儿园的时候，两个小家伙在一个班，有人欺负小宝，大宝就会挺身而出帮忙；大宝在学校闯祸了，小宝也会替姐姐保密。

眼看大宝和小宝就要上小学了，我和家人遇到了一个揪心的问题，不知道该让学校把这两个小家伙放在一个班还是两个班好。老人倒是希望她们被放在一个班，说是便于接送孩子，也可以更好地辅导孩子的作业。老公的意见是，双胞胎还是放在两个班好，这样孩子不会被比较。而且，两个班老师的教学方式不同，两个孩子还能互相取长补短。老公还强调大宝和小宝今后总会分开，不能永远这样黏在一起，不然会影响她们的交际能力。

我问大宝和小宝："你们希望在一个班还是两个班啊？"

两个孩子把小手紧紧牵在一起说："我们死也不分开，就要在一个班！"

我该怎么抉择呢？

双胞胎绝对是校园里一道引人注目的风景。非常遗憾的是，我没有教过双胞胎。但是每当办公室其他老师班里有双胞胎的时候，我们这些没有双胞胎学生的老师总是会露出无限羡慕的眼神问："你能分清楚他们吗？"

"看外貌不那么好分，但在课堂上一定能分，爱回答问题那个是大双，不吭声那个是小双。"老师难免会有这样类似的比较。

双胞胎究竟是分在一个班还是两个班，其实最关键的是看两个孩子之间的差距大不大。

如果两个孩子都比较外向活泼，身体素质、智力发展、交际能力相仿的话，放在一个班是完全可以的。这样，不仅可以同时接送、同时辅导、同时和老师沟通情况，还能让两个孩子彼此帮助，更加默契。

但是，如果双胞胎的性格及身体素质、智力发展、交际能力有一定差距时，还是放在两个班比较好。这样可以避免孩子之间的正面对比伤害其中一个孩子，也可以让老师和家长根据孩子的情况给予不同的教育方式。

还有一种情况，有的双胞胎在一个班形影不离，因为不孤独，他们很难主动去结交新的朋友，锁在两个人的世界里，确实也会影响以后的人际交往。

双胞胎是上天给父母特别的馈赠，不管孩子在一个班还是两个班，不管孩子之间的差距有多大，家长都要随时提醒自己，要"一碗水"端平，要公平公正，不偏袒，不厚此薄彼。不能因为自己的一点疏忽，给其中一个孩子带来负面的感觉。

其实，很多育儿专家不主张双胞胎以兄弟或姐妹相称，也不建议给他们分老大、老二，应自打他们会说话起，就一直让他们直呼对方名字；父母也不说"你是老大，要让着老二"或类似的话，尽量淡化他们之间的大小关系，主张以平等为原则。双胞胎除了外形相似以外，他们有不同的个性和兴趣特长，所以，家长也不必要求他们保持一致，不必让他们穿一样的衣服、用一样的文具、参加一样的兴趣班，而是应该鼓励他们根据各自的性格、爱好自由选择，自由发挥，让他们觉得自己是个独立的人，而不是另一个人的影子。

听了你叙述的情况，我建议把大宝二宝分在不同的班级。但是在这之前，你们应该适当给两个孩子创设分开的机会。比如，周末安排活动，一个孩子跟爸爸在家看书，另一个孩子跟妈妈去逛街；或者给她们不同的任务，让她们独立去完成，以此锻炼她们"独立作战"的能力，减少对彼此的依赖。

然后，父母可以告诉孩子："你们不在一个班，可以认识更多的好朋友，这些好朋友还可以成为你们共同的朋友，大家一起玩耍，而且，你们可以把班里的趣事讲给对方听。虽然你们没有在一个班，但是你们还在一个学校啊！上学放学在一起，吃饭睡觉在一起，你们不会分开的！"

这样说，可以消除两个孩子对于分开的焦虑，还可以让她们对新的班级产生期待。

　　抚养一对双胞胎确实很幸福，但也需要父母双倍的经济付出和精神付出，当然收获也是双倍的！

单亲家庭不必刻意隐瞒

　　我在女儿出生后三个月同前夫离婚，女儿由我抚养。现在孩子刚上小学一年级，我不知道是向她同学和老师刻意隐瞒这个事实，还是顺其自然为好。我不知道他们知道后，我该如何引导孩子去面对同学和老师的眼光，帮助她建立自信。我总觉得有些老师对单亲家庭还是有偏见的，担心如果老师知道孩子是单亲家庭的孩子，会让孩子失去一些机会。

　　孩子的爸爸为了孩子的成长，也积极参加班上的家委会，并担任副会长，还会和老师交流一些孩子的问题，但没有让老师知道孩子来自单亲家庭，他觉得还是不告诉老师为好。但我想这种事情以后他们肯定会知道的，而我女儿自己也和好朋友透露了她和爸爸不生活在一起的信息。国庆节，我们家和孩子好朋友的爸爸妈妈们约好了一起出去旅游，我猜他们可能知道我和孩子的爸爸已经离婚了。如果我和他们一起出去玩，是要诚实地告知他们，还是一直隐瞒为好呢？

　　完整的家庭固然幸福，但因为各种各样的原因，有的夫妻会走到离婚这一步。父母离婚了，孩子或多或少会有一些心理的变化，如果父母表现出非常在意这件事，孩子就会更加敏感。有的孩子会觉得自己被爸爸或者妈妈"抛弃"了，有的孩子觉得在同学面前抬不起头，有的孩子甚至把父母离婚的原因归咎到自己身上。

所以，父母在做出离婚这个决定之前，一定要先告诉孩子：虽然爸爸妈妈离婚了，但对你的爱是不会变的；你和其他小朋友一样，都是有爸爸妈妈的孩子，幸福一点不会少；至于爸爸和妈妈没有在一起生活，那是大人选择的生活方式而已，就像你长大以后也会选择自己的生活方式一样，没有什么不同。

而作为孩子的爸爸妈妈，相信你们双方做出离婚这个决定之前，也都有过犹豫、无奈和痛苦。如果离婚对你们今后的人生、家庭都是更好的选择，那么，离婚就不一定是坏事。如果一个家庭里，父母没有爱情和信任，婚姻就只是一个空壳，生活在这样一个家庭里的孩子也不会感到幸福。

通过你的信中所述，感觉你和孩子的爸爸都是非常爱孩子的家长，都不想因为离婚这件事让孩子遭受不公平的对待，因此尽量不让别人知道。我完全可以理解这种担心，但以我的经验，离婚这件事不必如此刻意回避，如果刻意隐瞒，反而会让孩子觉得她和别的小朋友很不一样，单亲变成了不可告人的事情。

我教过不少单亲家庭的孩子，多数父母都处理得很好，尽量避免给孩子带去伤害。

有一天早晨，我进入办公室，发现我的办公桌上有一封信，上面写着"饶老师亲启"。我打开信，原来是女生娜娜的妈妈写给我的。在信中，娜娜妈妈告诉我，她和娜娜的爸爸在娜娜两岁的时候就离婚了，一直是她独自带着娜娜，所以，娜娜从小自理能力很强，小学一年级就开始自己上学放学，从来没让妈妈接送过。但也正因为如此，娜娜很好强，哪怕在外面受了委屈，回家也不会对妈妈讲。娜娜妈妈担心孩子在学校遇到事情也不吭声，所以希望我能多关注娜娜。

看了这封信，娜娜妈妈对我的信任让我很感动，也让我感受到她作为单亲妈妈，对孩子双倍的爱与责任。同时，我也知道自己作为老师该怎么做了。

所以，如果有机会，你可以和孩子爸爸商量，坦白告诉孩子的老师你们家庭的情况，如果不方便口述，以书信或微信的方式也可。一般来说，面对你们的坦诚，老师不仅不会对孩子另眼相看，反而会更加关注孩子的成长，也会更加积极地与你沟通孩子的情况。

而对于其他的家长，如果他们有询问，真实告知就行，如果没有询问，也不必主动谈及自己的家庭，毕竟每个家庭都有自己的隐私，大家都可以理解。

不管如何，你的良好心态才是对孩子最好的引导，不要因单亲家庭而觉得自己低人一等，反而应更加乐观、积极地去追求更好的生活，让孩子受到你的感染，阳光自信地成长！

如果你的孩子有缺陷

我的孩子二年级了，他学习认真，语文学得不错，字也写得好，但他有点口吃，内心也比较敏感。有一天，孩子回家伤心地对我说：因为在学校口吃，被同学嘲笑了。他之前内心敏感，但不是很严重，现在被人嘲笑后，他更加敏感了，还说："我什么都好，就是说话不好。"关于他口吃的问题，我们之前并没有特别重视，因为觉得不严重，只是有时提醒他："你怎么这样说话？不要重复，说之前要先在心里想好。"

我本来给他报了学校的主持人兴趣班，结果没想到他的同学说他因为要纠正口吃，才去学主持人，他就死活不愿意去主持人班了。关于他的口吃问题，我要不要和他们班主任说呢？让班主任老师教育同学们不要嘲笑别人的缺点，这样有用吗？会不会又像给他报主持人班一样，让更多人觉得我的儿子口吃，反而被贴上标签了呢？

你可以先给孩子讲一个故事，这个故事发生在英国政治家、演说家温斯顿·丘吉尔身上。

丘吉尔曾被美国杂志《人物》列为近百年来世界最有说服力

的十大演说家之一，曾荣获诺贝尔和平奖提名。但很多人不知道，丘吉尔小时候也有口吃这个问题。丘吉尔出生于一个贵族世家，在当地享有很高的名望，家庭条件很优越。但是，小丘吉尔似乎一点都没有继承那个家庭的高贵血统，他呆头呆脑的，上课的时候总是不知道在想什么。他在班上的成绩永远是最差的，这让老师很是讨厌他。一天，老师发现在教室角落里的小丘吉尔又在发呆，不知道在想什么。于是，老师很生气地问："丘吉尔，你在干什么？"可是小丘吉尔似乎沉浸在自己的世界里，根本没有听到老师在叫他。老师更生气了，他走到小丘吉尔的面前，气愤地拍着桌子说："如果你还不回答我的问题，我就把你赶出去。"小丘吉尔惊慌地站了起来，但还是什么都没有说。老师发怒了，大喊着："你把你父亲的脸都丢光了，将来你只能做个可怜的寄生虫。""不，我我我……我要做……做个……演讲讲讲家……"小丘吉尔的话还没有说到一半，同学们就"哈哈哈"地大笑起来。

　　放学的路上，一群同学追了上来，他们围住小丘吉尔，嘲弄地对他喊："讲话都讲不完整，还想当演讲家？""做梦去吧！"小丘吉尔想辩解几句，但自己就是说不出来，他开始着急，结果越是着急越是说不出来，他涨红了脸。同学们嘲弄够了，就一哄而散，转眼间就剩下了小丘吉尔自己在空荡荡的路上。他努力地忍着眼泪，小拳头攥得紧紧的。回到家里以后，父亲看到儿子很是惊讶：小脸绷得紧紧的，和他说话也不理。父亲急忙追问儿子，小丘吉尔被问得急了，终于开口说："我……我……我要当……

当演讲家。"儿子甩下这句话就回自己屋子里了，任凭谁去敲门都不开。屋子里，小丘吉尔对着墙上的那面大镜子，开始练习说话。他把每个单词的音节一个音一个音地读，然后连起来读出整个单词，最后再一个字一个字地纠正。练习了一段时间以后，他就开始把几个单词放在一起连着读，一直到最后，他把整个句子连起来读。从那天开始，他像换了个人似的，他不再害怕同学们的嘲笑，在课堂上主动要求站起来朗读课文，尽管还是会口吃，读得也不连贯，但是，小丘吉尔在努力。只要回到家里，他就对着镜子大声地一遍一遍地说话，直到最后，他能够很连贯地说一个句子，甚至一大段话了。后来，他还背诵了大量著名的演讲词。功夫不负有心人，小丘吉尔终于取得了极大的进步，在同学和老师的面前展露了他幽默风趣的口才。这个口吃的孩子，后来竟然成了英国的首相，在第二次世界大战中用他那富有激情的演讲鼓舞了千千万万的人。

　　这世上有很多孩子都是不完美的，相对于其他一些身体的缺陷，口吃已经是很轻微的缺陷了，甚至算不上缺陷，只能说是一点不足。关于孩子口吃被同学嘲笑的问题，首先要告诉孩子：每个人都有不足，就连伟人丘吉尔小时候也口吃，口吃没什么了不起，同学们的嘲笑也没什么了不起，忽视大家的嘲笑，也可以把嘲笑变为动力。如在说话的时候，遇到他人的嘲笑，把他们当作小鸟的叫声，重新组织自己的语言，继续说话。如果因为嘲笑不敢说话，只能说明你的懦弱；相反，在大家嘲笑后，你表现得比之前出色，反而能让大家刮目相看。

当孩子有某种小缺陷，帮助孩子树立强大的内心很重要，因为身体缺陷并不可怕，可怕的是心理缺陷。家长要为口吃的孩子创造一个愉快安定的环境，消除其思想负担，不要模仿、嘲笑孩子，不要使周围人过分注意孩子说话的缺陷，不能表现出急躁情绪或粗暴地中断孩子讲话，应多给予孩子安慰和鼓励；在日常生活中利用一切机会与孩子交谈和练习，不要间断或半途而废，让孩子多唱歌、念儿歌、讲故事或复述他人的话等；引导孩子说话时放慢速度，降低音量，从容不迫地讲，不断增强孩子说话的自信心。坚持下去，只要孩子自信心增强，这个不足会慢慢克服的。

当然，你完全可以和孩子的班主任沟通，倒不只是让班主任教育那些嘲笑别人的同学，而是让老师以他的方式鼓励孩子，告诉孩子口吃不是大问题，只是一点小小的不足，每个人都有不足，没什么大不了。在家长和老师的双重鼓励下，孩子会慢慢想明白这个问题，不会埋怨自己，也不会再在意别人的看法。只有让孩子克服内心的自卑和恐慌，他才能成为那个最好的自己。

第二章
家长与老师的相处之道

如何快速有效地了解孩子的老师

我家孩子今年刚上小学。我去接她放学的时候偶尔会遇到她的老师，我很想和老师聊聊，又不知道该说些什么，因为对对方不了解，生怕说错话了老师不高兴。有时我会在吃晚饭的时候问一下孩子她老师的情况，又怕问多了对孩子影响不好。都说了解是良好沟通的前提，我就很焦虑，我该怎么去了解孩子的老师呢？

花有几样红，人与人不同，老师自然也有不同的类型。了解孩子的老师，确实是家长和老师高效沟通的必要前提。

如何才能快速有效地了解孩子的老师呢？

当家长和老师第一次见面，就应该得到老师的电话号码。有些家长甚至会立刻加老师的微信，和老师建立沟通的平台。一般来说，老师不会拒绝家长的要求，但也不排除有个别老师不愿意让家长过多地了解他的私人生活。当遇到老师不愿意加你微信时，你也不必勉强。但至少，应该得到老师的电话号码，这一点，老师是不会拒绝的。

通过和孩子的聊天，也能从侧面了解老师的个性和教学方式。家长可以这样问孩子："在学校你最喜欢哪个老师啊？为什么？""你最喜欢上什么课啊？"孩子的描述一般都真实可信。

比如，我也曾从很多家长口中了解到孩子对我的印象。

　　"饶老师，我孩子最喜欢您，您总是很温柔，不会乱发脾气。"

　　"饶老师，我孩子喜欢听您朗读课文，他说很有感情。"

　　"饶老师，我孩子喜欢您上课做游戏，他觉得非常有趣。"

　　……

　　每当听到这些暖心的话，我都会更加努力，做一个让孩子们喜欢的老师。所以，当家长了解到孩子对老师的爱以后，也要把这份爱传递给老师，这种爱的传递，不但能促进老师更好地工作，也能让孩子得到老师更多的呵护。

　　此外，细心的家长还可以通过孩子的书本、课堂笔记和老师布置的作业去了解老师的教学水平。孩子的书本整洁、笔记清晰，说明老师对孩子的学习习惯有严格的要求；老师布置的作业灵活、不机械重复，说明老师有较高的教学水平；老师批改作业认真，在孩子的作业下有鼓励式评语或者等级评定，说明老师喜欢采用激励式的教学方式。

　　要想快速了解孩子的老师，还有一个非常直接的方法，就是联系这位老师之前教过的学生或者学生的家长，他们对老师的评价也是一个很好的参考。

　　小学老师往往分为这几种类型：资深传统型、积极进取型、默默无闻型、新新"菜鸟"型。资深传统型的老师大都有几十年的教龄，教学技能纯熟，有一套自己的教学方式，不会轻易改变。家长对待这类老师，一定要彬彬有礼、格外尊重，遇到孩子的问题，要抱着请教的态度去和老师沟通，切不可自以为是地教育老师。积极进取型的老师往往有几年到十几年的教学经验，处于事业的上升阶段，这类老师喜欢不断学习，探索新的教学方式，也喜欢跟家长沟通交流，愿意提高自己。家长可以和老师探讨一些新鲜的教育理念，不但能促进老师的进步，对孩子也是非常有益的。默默无闻型的老师一般只是满足于做好自己的教学工作，遇到这类老师，家长可以经常赞美老师，给老师更多的鼓励，也可以经常向老师咨询问题，增强老师的自信心。新新"菜鸟"型，顾名思义，就是刚刚走上工作岗位的老师，这类老师往往对教书育人怀有满腔热情，但毕竟是新人，在教育孩子和教学方法上，总是会出现一些错误或失误。这时候，需要家长更多的宽容和理解，给老师一两年的时间，他们也能很快成长为优秀的老师。

了解是沟通的前提，信任是沟通的基础，真诚是沟通的态度，只要家长有心，就一定能了解孩子的老师，和老师有效沟通。

孩子被老师忽视怎么办

我和老公都是老实本分的人，我们的女儿巧巧性格也特别内向，在学校里从来不主动和老师说话，连好朋友也没几个，在学校也没惹事，每天回家还乖乖写作业，学习成绩也属于中上游。所以，我私下从来没和巧巧的老师联系过。不久前，巧巧的一次考试考砸了，我就比较着急，给巧巧的老师打了电话，说"老师您好，我是巧巧的妈妈，这次巧巧的成绩为什么下降这么多？在班级里是遇到什么问题了吗？"可是，老师对"巧巧"这个名字很陌生，思考了很久才想到是她执教的班级的孩子。我这才意识到，巧巧在学校被老师忽视了。巧巧如此被忽视，真让我们做家长的心寒。不知道有什么办法能让老师重视我的孩子，难道要给老师塞一个红包吗？

所有当过老师的人都会有这样的感觉，在一个班里，老师对最优秀的学生和最调皮的学生最重视，随时都放在眼皮底下，而对于那些中等生，特别是没有特点的中等生，最容易忽视。

很显然，巧巧属于这种容易被老师忽视的学生。不是老师要故意忽视她，因为她太平凡，又默默无语，老师很难注意到她的存在。

一个老师面对着数十个学生，他的精力也有限，忽视某个孩子并没有特别的针对性。要想让你的孩子得到老师的重视，特别是要让内向的孩子得到老师的重视，想靠送礼给老师解决问题是不妥的。最好的办法，是家长或学生给老师留下印象。

我遇到过这样一个母亲，她的女儿宁宁和巧巧一样，特别不爱说话，看到老师只会躲。我只要一找宁宁谈心，她的脸就会红到脖子根，而且声音小得像蚊子叫。

有一段时间，宁宁的妈妈总会给我打电话，想约我出去聊聊孩子的情况，我都婉言谢绝了，并告诉她有什么事情到办公室说也是可以的。

后来，我每天早晨在校门口都会遇见宁宁的妈妈，大家互相聊几句。起初，我以为是巧遇，但我很快发现，宁宁的家就在学校旁边，宁宁不需要接送，她妈妈是故意在校门口等我的。但是因为早晨时间紧，我总是匆匆地应付完宁宁妈就赶去教室，有时心里还会有些埋怨，觉得宁宁妈话太多。

有一天放学，我出校门，又看见了宁宁妈，她非常恭敬地对我说："饶老师，我想耽搁您一点时间，和您好好谈谈。"

"有什么事情明天去学校说，好吗？"我看看表，表示赶时间。

"饶老师，我不会耽搁您太多时间，就半小时，好吗？有些话在学校不好说。"宁宁妈很着急。

听她这么一讲，我不好拒绝，只好和她去了学校旁边的一个小茶坊坐下来。

宁宁妈告诉我，宁宁是她 38 岁才生的孩子，因为得来不易，所以呵护备至，孩子从小就很胆小，不擅交往，所以宁宁妈很担心，希望能让孩子学会和别人交流。

宁宁妈还说，宁宁爸一直生病，随时可能撒手人寰。家里经济不宽裕，但是无论如何，都要给宁宁最好的学习和生活条件。

半个小时的时间，宁宁妈几乎把她的家底儿都掀起来告诉我了。我觉得她不仅把我当孩子的老师，还把我当成一个值得信任的人。我开始理解她为什么天天在校门口等着我，为什么非要告诉我这些，这一切都是为了宁宁。

这次交流以后，我确实特别关注宁宁，上课有意叫她回答问题，课后，也常和她谈心，在班里，经常表扬她，还号召班里的孩子带着宁宁玩。每次看到宁宁妈，她都会恭敬地对我点头微笑道谢，这让我没法不重视宁宁。

当然，每个家庭的情况不同，也许你的家庭很平凡，没什么苦水向老师倾诉。不同的情况会有不同的方式，只要家长有心为孩子，没什么是做不到的。

小丁是一个平凡无奇的男生，成绩不好不坏，没什么特长也没什么缺点，如果不是因为他爸爸，我真的很难注意到这个孩子。

有一段时间，我每次批改家庭作业，小丁的作业后面都会有他爸爸写的一段意见。有时是对小丁作业的评语，有时是把小丁在家里的表现告诉我，还有时是发现了小丁学习上的一些问题，请求我的帮助。每段意见的最后都不忘客气地加上一句"谢谢老师"。面对如此认真的家长，我又怎能含糊？因此，我总是主动找到小丁，了解他，帮助他解决问题，还在全班表扬小丁的父亲认真负责的态度。小丁逐渐地增强了自信心，比以前更加乐于融入集体了。

虽然，小丁的爸爸很少到学校里来找我，但是他以这种独特的方式让我注意到小丁，真是用心的家长。

还有一位家长坚持每个周五晚上8点钟给我打电话，询问孩子一周以来在学校的表现情况。所以每到周五晚8点，电话铃一响，我就知道是这位家长。为了有准备地和家长交流孩子的情况，我在平时的教学中会特别注意这个孩子，观察他的表现，这样才能做到和家长有效地交流。

我的同事还遇到过这样一位妈妈，早晨送孩子来学校的时候，偶尔会让孩子在我同事的办公桌上放一个洗净的水果。虽然只是一个小小的水果，但是我的同事觉得很感动也很幸福，时常念叨着这个家长的好，我的同事在意的并不是这个水果，而是被人在意的感觉。

所以你看，只要有心，老师就会记住你。记住了你，自然不会忽视你的孩子。

怎样让孩子喜欢自己的老师

　　我的女儿以前数学成绩还挺不错的，可是这学期成绩陡然下降，原因就是她们班换了一名数学老师。听女儿回家讲，她很不喜欢现在这个数学老师，说老师太严肃，不像以前的数学老师那么和蔼；还说老师上课不提问她；老师对作业质量要求太高，凡是写得不好的同学都要重做，等等，列举了老师的种种不是。后来，开家长会的时候，我特别观察了这位老师，觉得他挺好的，虽然表情严肃了些，但教育理念和教学方法都让我们做家长的信服。班主任也说新的数学老师是学校的"教学能手"。于是，我回家后对女儿说："你们的数学老师很有教学经验，还是全市优秀教师呢！你要试着喜欢老师。你说的那些问题，可能是老师对班里的同学还不够熟悉造成的，每个老师都有自己的教学方法，你要慢慢去适应。"可是，女儿对老师的看法并没有多大改变。我知道，如果孩子不喜欢某一位老师，她就不愿意上那位老师的课，作业不爱做，勉强应付，学习成绩自然会受到很大的影响。对此，我感到束手无策，不知道用什么办法能让女儿喜欢上现在的数学老师。

　　"亲其师，信其道"是常理，孩子越小，越对老师有情感上的依赖。不喜欢某个老师，肯定会影响孩子对这个老师所教科目的学习热情。要解决孩子不喜欢老师的问题，必须分析具体原因是什么，家长才能对症下药。有的孩子是成绩不好，比较自卑，认为老师不会喜欢自己，于是也对老师缺乏感情；有的孩子是因为受到老师的否定和批评过多，在老师面前缺少成功、愉快的心理体验，造成感情上的隔阂；有的孩子是被老师冤枉过，产生了委屈甚至怨恨情绪；更多的是孩子没有得到老师的重视，如老师很少在课堂提问他。显然，你的孩子属于最后这一种情况。

面对这样的情况，家长应该怎么做呢？

首先，家长要加强与老师的沟通，自己先与老师建立感情。家长主动与这位老师联系，以尊敬、虚心的态度，倾听老师的话，包括批评孩子的话。然后，家长应该告诉老师："孩子挺喜欢您，还说您笑起来很美，但是很少笑。"家长这样说，不仅不得罪老师，还会促使老师自省，反思自己在学生心中的形象。家长还可以带着孩子一起请教老师一些学习上的问题，加深孩子在老师心中的印象，让老师在课堂上更加关注孩子。如果老师能在课堂上表扬孩子一两次，自然会使孩子与老师之间由疏远逐渐变得亲近起来。

其次，家长还应努力维护老师在孩子心中的形象。在小学生心目中，老师是自己的偶像，老师的话是绝对的"圣旨"。如果你摧毁了他们心中的偶像，他们会感到万分失望，从而也跟着瞧不起这位老师，甚至厌恶他所教的学科。老师也是人，难免有缺点，有错误，如果家长揪住老师的错误对老师评头论足，自然也会影响到孩子对老师的印象。有些家长可能不会想那么多，当对老师不满时，不考虑孩子，随意在孩子面前说老师的不好，比如在饭桌上，孩子表达对老师的不满，家长就会附和说："你们老师怎么这样啊？有没有水平啊？"或者说："别听你们老师的，听爸爸妈妈的才对！"也许你说的这些都是事实，但你想过没有，你的这些言行对孩子会产生什么样的影响？你只管发泄了不满，没有顾及孩子的内心感受，一旦你的孩子不喜欢他的老师，最后受影响的是谁？

在教育孩子尊敬老师之前，家长应该先检查一下自己的态度，如有不当，先行调整。

要让孩子喜欢自己的老师，家长还应抓住机会，指导孩子主动向老师表达自己的心意。如在教师节，指导孩子自己动手制作贺卡赠给老师，或者写一封慰问信给老师。老师身体不适时，引导孩子主动关心老师，询问能否帮助老师。这些方法都能逐步建立老师和孩子之间的亲密关系，让老师更注意孩子，让孩子更喜欢老师。

家长让老师感到不悦怎么办

我的儿子上小学二年级，因为以前的语文老师生小孩，现在换了一个老师。这个老师布置的作业很多，开学第一周，孩子每晚做完作业就已经8点半了，洗洗就得上床休息，每天连弹钢琴和阅读的时间都没有了。我壮起胆子在儿子作业本上给他的老师提了一条建议：希望老师以后布置作业能适当地少一点。谁知今天中午老师就让我去她的办公室找她，老师说："其他家长都没说我布置的作业多，如果你觉得你的孩子已经掌握了相关知识，你就让他少做一点。"我说："要是那样，孩子和其他同学做的作业不一样，他心里总会有些担心的。老师，您能不能给全班同学都适当地少布置一点呢？"老师有些不悦了，说："那可不行，不能为了你孩子这一个特例打乱我所有的教学计划，我还要面向几十个孩子呢！"

老师这样说，我根本不敢让孩子少做作业，而且从这以后，我总担心老师会不会因此给我的孩子"穿小鞋"。果真，有一天，孩子回家很不开心，他告诉我今天他上课做作业的时候和同桌讲话，老师只批评他没有批评同桌，还说："你做作业不认真，难怪回家做到很晚呢！"

我一听，心想一定是我上次给老师提意见得罪了老师，现在她把怨气撒在孩子身上了，唉！我该怎么办啊？

　　当家长想对老师提出意见的时候，一定要掌握一个技巧，那就是绝不"单兵作战"冲动而行。因为如果你一个人提出意见，老师会在潜意识里认为这是你孩子的特殊问题，不是全班性的普遍问题，难以引起老师的重视。如果是多数家长都提出这个问题，老师才会去反思是不是应该改进。

　　所以，当认为老师作业布置多了，你首先应该询问一下孩子同班的同学或家长。有时候，孩子写家庭作业写到太晚，不一定是老师布置得多。仔细的家长应该观察孩子完成作业的速度，如果通过询问，别的孩子都能在短时间内完成作业，而你的孩子例外，那就不能怪老师，要找找孩子的原因。当然，如果同班很多家长都觉得老师留的作业多，那么家长们可以相约一起去和老师交流，在交流的过程中，无须直接提出让老师少布置一些作业，只需要反映孩子这一段时间做作业的情况和压力，老师自然会明白并进行调整。

　　如果你邀约不到其他家长，又很想对老师提建议，你可以委婉一些。有位家长的做法很聪明，发现孩子的作业太多，他就在孩子每天的作业下面做批注，比如：今日完成作业时间为7点20至9点30分，中途休息了10分钟，做作业时认真仔细，未开小差；今日完成作业时间为7点至9点30分，中途休息10分钟，做作业认真仔细，但孩子显得疲惫……

老师一看，便知自己留的作业量多了，立即减少了学生的作业量。这位家长的做法，在没有冒犯到老师的情况下，轻松地帮助孩子减轻了负担，不是很好吗？

当你因为冲动对老师说了一些不该说的话，做了一些不该做的事，你觉得"得罪"了老师，这时候怎么办呢？

首先，你要相信多数老师的职业道德。老师爱学生，有时虽然对家长有所不满，但绝不会针对孩子。所以，你大可不必太过敏感，认为老师的一言一行是在给孩子"穿小鞋"，更不可把你的这种想法灌输给孩子，让孩子对老师产生惧怕的心理。其次，你应该找机会向老师表达你的歉意。比如给老师发一条短信：老师，我那天提的建议确实没有考虑全面，每一个孩子的学习情况不同，我不应该要求您去调整全班的教学计划，还请您原谅！相信老师在感受到你的真诚以后，一定会宽容和谅解的。

当然，如果真的遇到了师德品质有问题的老师，刻意针对孩子、伤害孩子，这时候，家长也不能因为怕得罪老师而隐忍，应该主动去找学校领导沟通，说明孩子的遭遇，请求领导的协调和帮助。

总被老师问责的家长，如何化被动为主动

儿子今年上小学二年级，因为他学习成绩一直不理想，总是考全班倒数几名，所以我们做家长的经常被老师请去办公室接受"批评教育"。昨天，儿子又把班里的投影仪弄坏了，老师再一次把我请到学校，对我说："你儿子不但成绩不好，还经常搞破坏，你们做家长的有没有教育？"问得我哑口无言。我们怎么会没有教育呢？我和孩子的爸爸对孩子骂也骂过打也打过，可他天性顽劣，不爱学习，每次在家里一再保证要改正缺点，可是到学校一会儿就忘了。

现在，我真怕接到老师的电话，面对老师的批评，我不知道该怎么应对。老这么三天两头地被老师"传唤"，我怕自己真的会疯掉。我平时工作也挺忙的，上着班，老师一会儿一个短信投诉，一会儿一个电话要见家长，真的很郁闷啊！

敢于直接批评家长的老师大多是资深老师，他们有时候会问责家长，而多数家长为了孩子，只能忍气吞声。其实老师问责家长，只要家长认为没有道理，或者心里有不同的想法，都可以不卑不亢地提出来。大家都是人，老师和家长没有谁尊谁卑，出发点都是为了孩子，是平等的，必须互相尊重。

就你说的情况看，你的儿子主要是因为成绩不好和经常调皮令老师感到不满。以我的经验，前者占的比重更大。对于一线老师来说，最在乎的还是学生的成绩。很多老师彼此聊天时都会议论："如果这孩子成绩好也就算了，调皮一点我也能容忍。最怕成绩不好又调皮，最让我接受不了。"

所以，你目前首先需要做的是帮助孩子提高成绩，分析一下孩子成绩不好的原因是什么——是没有学习的兴趣还是学习习惯不好，还是经常被老师批评而失去了学习的信心。

找到原因后，建议你变被动为主动，亲自打电话联系老师，并和孩子的父亲一起与老师深入交流一次，表达你们对孩子的希望及愿意帮助孩子提高成绩的决心，并请求老师的配合。你还可以和老师约定好每周互相交流意见的时间，这样也不会影响你的工作。

我曾经看到这样一位家长，面对老师的问责，处理得有条有理，值得借鉴。

高老师是一所名校的资深老师。一次，高老师通知了一位家长到办公室，自己一边批改作业一边教训这位家长："你儿子的学习习惯很差，上课搞小动作，注意力不集中，字写得像甲骨文，你们做家长的平时管了吗？别以为把孩子送到学校来就不闻不问了，我班里这么多学生，不是只管你家一个小孩的！"

这位父亲不慌不忙地搬来一张凳子坐在高老师身边，客气地说："高老师，孩子身上确实有很多毛病，我也想趁这个机会好好和您沟通一下，不知道您能不能暂时放下手中的工作？耽搁您宝贵的时间了。"

高老师只好放下红笔，正襟危坐地看着这位家长。

家长说："孩子3岁之前都是由爷爷奶奶带着的，我们对他疏忽了照顾，后来才知道3岁之前的教育很重要，但是已经晚了，孩子的很多不良习惯已经养成。我和爱人也想了很多办法，纠正孩子的习惯，但我们毕竟不是专家，也不太懂教育，所以特别希望能给孩子找个好老师。我们打听到高老师您很优秀，对孩子很负责，孩子分到您班里时候，我和孩子妈妈也很兴奋，期待着孩子能得到您的指点和帮助。高老师，我也知道您班里学生多，您的工作很辛苦，但请相信，我们做家长的一定会配合您的工作，关键是您能不能给我们一些指点，怎么教育孩子，纠正他的不良习惯？"

高老师听到这一席话，态度180度大转变。她耐心地告诉家长该怎么帮助孩子改正坏习惯、提高书写能力，并且主动提出，让孩子回家每天练习一篇小字，第二天拿给她检查。高老师和这位家长探讨了好几个配合教育孩子的好办法，双方交流得十分愉快。

这位家长走后，高老师还微笑着赞叹："这种家长才是好家长啊！"

我非常佩服这位家长的语言艺术，在短时间内化干戈为玉帛。

当家长面对老师的批评时，不能卑微隐忍，也不能恶语相向，而应该由始至终保持一种轻松自然的态度，听完老师的批评后，再运用语言艺术，肯定老师的付出，并向老师虚心求教如何更好地教育孩子，让老师从批评者转变为指导者。这时，老师会觉得自己备受尊重，紧张的气氛自然会转化成和谐的气氛，让彼此交流更具成效。

想给女儿换座位怎么那么难

我家女儿很乖巧，可她的同桌却是班里最调皮的，经常欺负同学，上课总是爱捣蛋，有时扯我家女儿的头发，有时硬要找她说话。我女儿不理他，他就揍我女儿。每次女儿回来给我讲起同桌欺负她的事情，我都一肚子火，我不明白老师为什么把这样的"调皮蛋"放在我女儿身边。于是我到学校向班主任老师提出给女儿换座位，老师明显有些不高兴，口口声声说为难。我不甘心，干脆找到校长提出自己的希望。校长却说，这事儿还是和班主任沟通比较好。结果和班主任多次沟通后，依然没给女儿换座位。为什么想帮孩子换个座位那么难？

如果要把老师最烦心的事儿排个前十，那么"家长要求给孩子换座位"一定位于前三。

家长要了解，有经验的老师在给学生排座位时，往往会遵循以下几个原则。（1）"特殊化"原则。这里的"特殊化"主要是让近视的和个子较矮的学生坐在前面。（2）互补原则。一个班级的几十名学生性格差异很大，有的外向，爱说爱笑；有的内向，不善言辞；有的好动，难以管理自己；有的安静，自控能力强。让不同性格的学生坐在一起，既可以使学生在性格上得到互补，也可以使老师更好地管理班级。（3）男女生交错原则。让男生和女生交错相坐，可以使男女学生在交往中逐步建立起友谊，培养学生健康的心理。（4）定期循环原则。每周换一次座位，按照事先定好的循环更换的办法和顺序，时间到了，学生自动调整。

我想你的女儿和"调皮蛋"做同桌可能是老师参照了互补原则，这其实也说明老师特别信任你的孩子。从这个角度来说，你应该感到高兴。

老师不愿意轻易给孩子换座位的原因是，若给一个孩子换了座位，更大的麻烦会接踵而来——别的家长知道了，也会通过各种途径找到老师，拐弯抹角要求给孩子换座位。甚至有个别家长会直接找到学校校长或者教育局的领导给老师打招呼，要求给孩子"特殊待遇"。老师们其实最反感部分家长用领导的权威来压制自己。哪怕最后碍于情面给孩子换了座位，老师的心里也不会舒坦。

每个班都会有几个"调皮蛋"，但相对于孩子今后的人生路，遇到几个"调皮蛋"实在算不了什么。有时候，孩子不能和同桌好好相处，别把所有的责任都推到同桌身上，你要做的是引导孩子怎样与不同性格的人相处，毕竟，孩子在成长的过程中要遇到形形色色的人，家长不可能一辈子跟随孩子，并替他过滤掉周围那些不好相处的人。

有一位老师给我讲过她教女儿的事情，希望对你有所启发。

她的女儿在小学三年级的时候，经常被一个男生欺负，那个男生动不动就乱用她的东西，孩子很委屈，回家找到妈妈诉苦。按一般家长的做法，妈妈一定会到学校，找老师告状，或者找到这个小孩直接教训一顿，更何况妈妈本来就是该学校的老师，完全可以管教那个男生。但是这位老师没有这样做，只是很平淡地告诉女儿："你已经长大了，遇到困难应该自己想办法解决，你如果能不依靠父母解决这个问题，那妈妈会为你骄傲。"后来，女儿过生日那天，请了几个好朋友到家里来玩儿，妈妈发现其中就有那个经常欺负女儿的小男生，这个小男生现在竟然与女儿相处十分融洽。妈妈问女儿："他不是老欺负你吗？现在怎么关系这么好了？"女儿骄傲地说："我们是朋友！"妈妈问："那你到底用的什么方法让他听你的啊？""这是秘密。"女儿调皮地说。

孩子被同学欺负，或者受到了委屈，回家告诉家长后，如果不是人身伤害，家长最好不要去学校。家长亲自去学校帮孩子"解决"问题，这种做法会令孩子变得对家长有依赖感。孩子可能会相信只有依靠别人，甚至是"权威"才能解决问题。

其实，我们从另一角度看，就会发现孩子被欺负的遭遇，是一个很好的学习机会。它可以培养孩子解决问题和保护自己的能力，让孩子学会更好地与同学沟通和相处。当孩子回家向家长哭诉和同学之间的矛盾时，家长要耐心地聆听孩子的感受及想法，并引导他该如何与同学相处，鼓励他从不同角度思考问题，帮他找到与同学相处的办法。假如孩子有不恰当的做法，比如报复或攻击性的行为，家长需要多花心思与孩子交流，让孩子知道这种方式带来的后果，并引导孩子往积极阳光的一面思考。例如，如果孩子执意要求换座位，家长可以告诉孩子："这是你自己的问题，我不会帮你跟老师说，你自己去向老师说明情况吧！"如果孩子没有依靠你的力量，而是通过自己的努力让老师给他换了座位，这也培养了他解决问题的能力。

当然，如果你的孩子和同学总是闹矛盾，甚至影响到了他的学习或心理成长，他又特别胆小内向，什么都不敢说，总是忍气吞声，或者你的孩子真的是近视眼或有其他特殊问题，那么你一定要代孩子向老师如实反映情况，在反映情况的时候，着重强调孩子的问题，无须直接提出换座位。有经验的老师经过观察，发现你所说的问题确实存在，一定会主动给孩子换座位的。

怎样向老师争取孩子表演的机会

我和孩子的爸爸在菜场卖菜，每天起早贪黑，没时间给女儿收拾打扮。女儿回家说老师和同学们都不喜欢她，同学们说她是"土包子"，说她家里穷，没人愿意和她玩。我的女儿从小喜欢跳舞，我们也省吃俭用，送她去少年宫练习舞蹈。我自己觉得女儿的舞姿还是不错的，但是每年学校组织活动，班里排演节目时，女儿总不会被选到。为此，女儿很伤心，多次流着泪对我说："妈妈，我也想去表演节目，但老师总是不选我！"每次，我都鼓励孩子："你去主动向老师争取吧！"女儿总是摇摇头说："我不敢。"有时候，我也会责怪她胆小、没出息，但是责怪完孩子，我也很内疚，总觉得我们做家长的也有责任。我们家条件不好，孩子成绩也不太理想，老师又怎么会喜欢她呢？

今年的"六一"之前，班里又要排节目，女儿很想把握这个机会，她求我："妈妈，你去学校给老师说说，让我参加跳舞的节目，好吗？求求你啦！"看着女儿充满期待的眼神，我真不知道如何是好。我也是不善言谈的人，平时跟老师很少交流，怎么好意思对老师开口呢？

看了你的问题，我不禁想到了我曾经教过的一名学生，叫雅丽。坦白说，她是一个长相特别不讨好的孩子，眼睛小得眯成了一条缝，两个脸颊总是肿肿的，嘴唇也厚嘟嘟的。更要命的是，她才三年级体重就有近百斤重，圆鼓鼓的身子走起路来特别不方便。因为她这身材和长相，她能被选中表演节目的概率确实很低。但每次班里无论组织什么节目，她都非常踊跃地举手要求参加，哪怕面对同学们的嘲笑，她也从不放弃。有几次，我实在是不忍心，把她选进节目中，但最后，她都会因为外形问题被专业老师刷下来。尽管她也伤心，但从没放弃。终于有一次，班里排演的节目是诗朗诵，雅丽被选上了！起初，她站在最后一排，后来她对我说："饶老师，我想站第一排，这是我第一次上台表演，我想老师拍照的时候能拍到我，我好回家给爸爸妈妈看。"我答应了她，把她安排在了第一排的中间。没想到她的"重量级"特点和卖力的表情一下子吸引了观众与评委的目光，我们班的诗朗诵获得了全校的一等奖。我也借此机会表扬了雅丽，让全班同学对她刮目相看。

很多家长都希望孩子有机会在舞台上表现自己，但并不是每一个孩子都有这样的机会。当没有机会的时候，我们又该怎样争取呢？

首先，家长应该告诉孩子，机会不是等来的，都是自己争取来的，越怕争取越没有机会，你只有努力做好自己，努力向大家证明你可以，才能赢得大家的肯定和尊重。其次，家长不要因为家庭条件差就给孩子灌输"我们家很穷"的意识，这会加重孩子的自卑感，对孩子的成长不利。

　　我曾经教过一名学生叫思思，她是从农村学校转到我们班的。她刚来的时候，也是穿着土气，普通话蹩脚，成绩跟不上，不能融入班集体。后来有一天，有同学告诉我："思思家很富裕，有很多钱！"我问："为什么你们这么说？"孩子们才说，思思这段时间，每天都带好多文具或者小食品到校发给大家，有时甚至还给一些同学零花钱。我意识到事情的严重性，立刻找到思思，耐心沟通以后，才知道思思的这些钱都是偷她妈妈的。问她为什么这样做，她说："因为妈妈经常说'我们家是农村的，很穷'，同学们也嘲笑我家穷，所以我要证明我家很富裕，别人才不会小看我。"

　　孩子越自卑，越会被老师和同学忽视甚至歧视。要想让孩子不受歧视，家长就要给孩子足够的自信心，时刻告诉孩子："你很优秀！爸爸妈妈永远支持你！"并且鼓励孩子在各方面尽力做到最好。

　　面对女儿的请求，建议你接纳。因为你女儿长期不被认可，她已经变得胆小自卑，这时，让她独自去找老师争取表演的机会，对她来说有着巨大的压力。你不如借此机会，去学校找老师交流一下孩子的情况。你提到平时很少去学校跟老师交流，也许老师根本不知道你的女儿喜欢跳舞，更不了解你们对孩子的期望和重视。所以，在和老师交流的过程中，坦诚说出你们工作的辛苦，你们对孩子的期望，孩子的爱好、心愿，等等，让老师尽可能多地了解孩子。你还可以这样对老师说："老师，我们家虽然不富裕，我们做家长的虽然不够优秀，但是我们和所有家长的心愿都是一样的，希望老师能给孩子一个表演的机会，让孩子更自信地面对今后的生活。孩子有哪些做得不好的地方，也请老师告诉我们，我们一定配合老师帮助孩子进步。"相信老师在听到这样的话语后，一定会想办法实现孩子的心愿。

当然，最重要的还是孩子自身的改变。你可以给孩子买一些励志类的故事书，让她知道无论身处哪种环境，都要学会以积极的心态面对生活。你也可以告诉你的女儿：坚定的信念和乐观的态度能帮助你赢得更多机会！

家长发现老师犯了知识性的错误，该怎么办

昨天，我孩子拿回一张数学测验的试卷，上面有一道思考题，孩子用的方法完全正确，老师却给了他一个大叉，因为老师说必须按照老师讲的方法去做。我自己是一名中学数学教师，我认为孩子的方法不仅没错，还更简单一些，老师这样判定完全是误导了孩子，束缚了孩子思维的发展。我对儿子说："你没有错，这道题不必改正了。"但儿子就是不听，还说："我不改老师会批评我的，你又不是我的老师。"儿子听老师的话固然没错，但也不能这样不分对错、盲目听从啊。于是，我准备打电话和老师讨论这道题，但是爱人强烈反对我的做法，她说："多一事不如少一事，你可别为了争对错得罪了老师，万一老师有什么想法，对孩子会不利的。"我只好放下了电话，但是我心里憋得慌。其实我倒不是非要和老师争对错，只是我也是个老师，知道老师"教书育人"的责任感，明明知道老师犯了知识性的错误也不说吗？

人无完人，谁都会犯错，何况是平凡的老师呢？

当老师的，没人敢说自己没犯过错吧！而一个真正的好老师会敢于面对自己的错误，并且勇于承认。所以，我觉得，作为家长和教师同行的你，向老师提出他的错误是完全可以的。不过，

发现老师犯了错，需要选择适当的场合和恰当的方式向老师提出。这样，不但不会得罪老师，还会让老师感受到你的宽容与负责。

作为老师，如果是在课堂上，学生指出我的错误，我可以欣然接受；如果是家长私下指出我的错误，我也可以及时改正。但如果是在公众场合，在我毫无准备的情况下突然指出我知识上犯的错误，这确实令我困窘。

不过庆幸的是，我在这么多年的教师生涯中，遇到了许许多多的好家长。记得有一次，我在批改一年级试卷时，有一道题是将打乱的词语组成通顺的句子。我至今还清楚地记得这道题是"公园里，美丽，花儿，的，多么，啊"，因为多数学生都会组成"公园里的花儿多么美丽啊！"所以，我先入为主，想到是一年级的试卷，没经过思考，很快就批改完了。第二天，一位妈妈来到我办公室，拿着孩子的试卷问我："饶老师，想和你讨论一下，孩子这样组合可以吗？我读起来没错，是不是非得组成一个句子才可以？"我接过试卷一看，原来她的孩子是这样组合的："啊！公园里的花儿多么美丽！"这为什么不可以？完全可以啊！

我立即脸红了，赶紧拿出红笔给孩子修改过来，并诚恳地告诉家长："孩子是对的，这道题没要求只能组成一个句子，她这样组合说明她的思维和其他的孩子不一样，还应该提出表扬！是我改错了！"

还有一次放学的时候，家长陆续来接孩子回家。有一位老人盯着教室里的黑板看了很久。我起初很纳闷，不知道他在看什么。

后来，这位老人悄悄走到我身边，看着黑板低声对我说："老师，请教你一下，现在的语文基础教育里，是不是'近'和'进'通用啦？"

我一看，原来我在黑板上写了一句话："上课铃响了，大家连忙走近了教室。"我不小心把"进"字写成了"近"字。虽说是不小心，但在小学语文教育中，这可是严重的错误啊！我赶紧将黑板上的错别字改正，并且谢谢老人的提醒。老人对我笑笑，说："现在教材经常改来改去，我还以为是教材改了呢！"

我很感谢这些家长，是他们的诚意、宽容、理解树立了我在孩子们面前的良好形象，但是有些老师没有这么幸运。

我有个亲戚的女儿，经常在我面前说："我们老师最没水平，经常讲错，我一点都不喜欢她，我估计她念小学的时候考试也不及格呢！还好意思批评我们！"

后来我才发现，孩子之所以这样说，是因为她爸爸经常在她面前说："你们老师讲错了，听爸爸的，你们老师算什么，一个小学老师有多少水平？我怎么说也是个博士生，你要相信爸爸！"

是的，小学老师很平凡。有些家长总认为自己文化水平高，打心底瞧不起小学老师，一旦发现老师出现了知识性的错误，更是担心把孩子教坏，赶紧在孩子面前说老师的不是，来抬高自己的形象。另一些家长觉得多一事不如少一事，何必指出老师的错误呢？这两种家长的行为都是不妥的。一名负责任的好家长，应当选择合适的时机，善意指出老师的错误。

其实现在的孩子们越来越有自己的主见，有时在课堂上发现老师的错误会直截了当地指出来。反倒是家长会有各种各样的担心，怕伤害老师的尊严，破坏师生之间的关系，等等，对孩子诸多提醒。难怪有些孩子会不满：为什么老师和家长可以不分时间、场合地批评我们，却要我们随时随地尊重老师和长辈？显然，在孩子的头脑中，平等意识不仅仅是能和师长互相指出错误，还包括一种平等的对待方式。

与其用空泛的大道理去教育孩子，不如以身作则。当老师和家长都能用体谅、尊重的方式对待孩子的时候，孩子自然也会效仿。

比如，有位老师在课堂上从不批评孩子的错误，如果孩子错了，老师就会睁大眼睛，嘴巴呈"O"形暗示孩子"你错了！"，所以他的学生们在老师说错的时候，也会一起睁大眼睛嘴巴呈"O"形地看着老师，老师很快就明白自己错了。这种可爱的方式不但让师生相处和谐，也会让孩子从小懂得什么叫彼此尊重。

因此，当家长发现老师犯了知识性的错误时，一定不要在孩子面前诋毁老师的形象，而应该像那些睿智的家长一样，选取恰当的时机，采用请教、征询、讨论等巧妙的方式向老师提出来，老师一定会愉快地接受并改正的；也可鼓励孩子用恰当的方式给老师指出错误，让孩子学会理解和尊重。

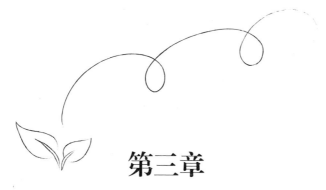

第三章
家长与孩子作业的相处秘诀

孩子做作业磨蹭，怎么办

儿子学习坐不住，爱磨蹭。写1个小时的作业，站起来大概有10回，一会儿打开冰箱，看看有什么好吃的；一会儿玩玩橡皮擦，翻翻课外书；一会儿站在窗前，看看谁在外面玩。

每天放学回家，我总是叮嘱他："宝贝，快做作业，做完再玩。"可是，他总是口头答应，却一拖再拖，磨磨蹭蹭，迟迟不动手，直到我发脾气他才开始。有时到了睡觉时间，他还是没有完成作业。我一再督促，却总是白费口舌。我想尽办法，表扬、奖励、批评、惩罚，开始还好些，没坚持几天，孩子又故态复萌。更让我生气的是，上周学校开家长座谈会，孩子的班主任老师告诉我，孩子在学校做课堂作业也是如此，总是最后一个完成；考试的时候，也要老师催促好多次，才提笔答卷，甚至会完不成试卷。现在，孩子的成绩越来越差，对学习没有一点兴趣，我真不知道该怎么办。

做作业磨蹭是小学生的通病。我曾经问过那些爱磨蹭的孩子为什么总是拖延时间，孩子们很诚实地告诉我："我们也不想磨蹭，但是每次做作业没几分钟，就觉得学习时间太漫长了，就想玩一玩。"结果时间花了不少，作业却没做多少。

孩子为什么这样难以控制自己呢？原因是多方面的，但最主要的原因有两个。一是在孩子3岁之前，父母没有注意对孩子专注力的培养，使得孩子难以长时间把注意力集中在一件事情上。也就是说，孩子没有养成好习惯。二是孩子的学习兴趣度低，把学习当作一种任务，硬着头皮应付，能拖就拖。

当孩子出现了做作业磨蹭的情况，家长或老师不能一味催促甚至责骂孩子，应采取一些巧妙的方法帮助孩子改正这一不良的学习习惯。首先，家长要给孩子树立学习的榜样，自己做任何事情都不能磨蹭，应让孩子看到家长高效率地完成一些事情。其次，不要总是批评孩子"你太慢了！""你快点行不行？"，这样的负面强化将会让孩子觉得自己的"慢"理所当然，根本没有要改的决心。

很多家长往往在孩子刚踏进家门就说："先去写作业吧！"而孩子想到马上要做作业了，就会感到恐惧，想用各种办法逃避，比如去看电视、吃东西、喝水等，就是不想坐下来写作业。家长往往不管孩子心里在想什么，只要看到孩子磨蹭不学习就生气，开始没好气地唠叨，或者批评、威胁一下，只要孩子开始学习就可以了，至于孩子在学习中能否找到乐趣、为什么不愿意学习等心结问题，家长一概不管。

其实，孩子每天在学校上课也是非常辛苦的。有的老师在课堂上也会布置很多作业让孩子们完成。我甚至见到过这样的老师，一旦身体上有少许不舒服，或者不想上课的时候，就会抱着一沓试卷去教室。让孩子完成试卷或做作业，也是老师乐得轻松的方法之一。

孩子在学校已经做了很多的作业，已经很累了，回家连喘息的机会都没有，又被家长逼着做作业，可想而知他们的心情如何。

所以，家长们在孩子放学回家后，不必着急让孩子做作业，可以先让孩子放松半小时左右，趁这半小时和孩子交流一下学校的情况，再让孩子做作业。孩子会感到家长的理解，不会对家长的要求产生抵触情绪，做起作业来也会更积极主动。

关于孩子做作业磨蹭的问题，最有效的措施就是想办法提高孩子对学习的兴趣。有些小技巧可以推荐给各位家长。

可将孩子做作业的时间划分为几个小段，如半小时分为3个10分钟，让孩子在10分钟之内完成规定的作业，做完后休息2分钟再继续完成。别看只休息2分钟，小孩子对时间往往没有多大的概念，他们会觉得只做了一小会儿作业就可以休息，真是太棒了，再开始做作业也会精神百倍，慢慢地，家长再把时间段加长。

在孩子做作业之前，家长可以和孩子约定比赛，在规定时间之内，家长必须完成某件事情，孩子也必须做完作业，看谁完成得又快又好。一般来说，孩子对于游戏和比赛的方式都会比较感兴趣。

家长还可以和孩子的班主任老师积极沟通，请求老师在班里大力表扬孩子做作业有进步、速度提高了，以此增强孩子的自信心。

有些家长还会使用小闹钟计时、贴星星等方式让孩子养成按时完成作业的习惯。当然，这些方式在低年级阶段使用最好，如果低年级孩子没有养成好的学习习惯，到了高年级，家长就需要花更多的精力来帮助孩子改正了。

家长究竟该不该帮孩子检查作业

女儿一年级的时候，每次她做完作业，我都帮她检查，指出她做错的地方，让她修改后再去玩耍。后来我听别的家长说，这样会让孩子养成依赖的习惯，不会自己检查作业。所以，女儿二年级了，我就跟她说："妈妈不再帮你检查作业了，你每次做完作业自己检查吧。"女儿欣然答应，每次做作业都积极主动完成，完成作业后，总是很开心地告诉我："妈妈，我检查完了！"然后就去楼下花园玩了。看见她这种自觉的态度，我本来是很高兴的。可是等我悄悄再帮她检查一遍作业时，经常发现有错误，像这种情况，我需要提醒她改正吗？如果不提醒她，我担心她不知道自己错了，之后还会继续犯类似的错误；我如果提醒她，又害怕她再次依赖我，刚刚培养起来的自觉性就没了。

饶老师，希望得到您的指点。

关于给孩子检查作业的问题，没有绝对的标准和参考，还是要根据孩子自身的情况来判断。有的孩子天性认真、性格谨慎，作业很少出错，家长和老师都省心不少，检查与否关系不大。但有的孩子天性马虎、性格急躁、做事草率，作业经常出错，家长和老师就要多费点心思来引导和纠正。

　　给孩子检查作业这件事，每一个家长都会经历。就大方向来说，先要根据孩子的年级情况来判断。如果是刚入学的一年级新生，孩子识字量不大，学习习惯还没有养成，这种情况下，家长在开学的前一个月左右可以陪在孩子身边和孩子一起完成作业。但要注意的是，你需要做的，只是告诉孩子作业的格式和一些孩子不理解的题意，如果发现孩子在做作业的过程中出现了错误，不要急于指出。马上给孩子指出错误，不仅会让孩子在做作业的过程中一直处于紧张焦虑的状态，还会养成孩子依赖父母的习惯。应该等孩子的作业全部完成后，再给孩子指出错误。一个月过后，孩子渐渐适应了小学生活，养成了一定的学习习惯，家长就要学会放手。放手不是突然不管，而是渐渐减少陪同的时间，直到不再陪同。当孩子做作业遇到困难，大声呼喊家长时，家长不要立即出现在孩子身边，可以告诉孩子："宝贝，你先把会做的做完，不会的待会儿妈妈再给你讲。"这样做，便于让孩子养成独立做作业的习惯。到了小学中高年级，家长绝对不能再陪同孩子做作业，对孩子不会做的题目，家长可以让孩子自己想办法解决，或查找资料或咨询老师和同学，实在不行再让孩子求助于家长。

　　如果老师要求家长每天检查孩子的作业并且签字，家长有时间的话就应该配合。有的家长可能会说："老师老让家长检查作业，那老师做什么？"

　　其实大可不必有这样的怨言。现在的公立学校，一个班的老师面对的是几十个孩子，老师批改孩子的作业时，不可能针对每个孩子出现的不同问题，一一让孩子改正。如果家长每晚有时间在孩子做完作业后，给孩子检查，提出问题，让孩子及时修改，不仅能很好地帮孩子查漏补缺，也能让孩子感受到父母的关心，还减少了老师的工作量。如果家长实在没有时间给孩子检查作业，除了培养孩子自己检查作业的习惯外，也可以事先和老师说明情况，拜托老师在批改孩子的作业时多留心，及时告诉孩子出现的错误。

我曾教过一些留守儿童，父母都在外地工作，孩子长期跟在老年人身边。如果家长不说，我也不知道孩子的情况，自然把他和其他孩子同样对待。有些家长主动向我提出，自己不在孩子身边，没有条件辅导孩子的学习，检查作业的对错可能不行，最多只能让老人看孩子有没有做完，给孩子签个字，希望老师能费心督促孩子。听到这样诚恳的话，作为老师，我也会特别留意这些孩子的作业，发现他们有错误会及时让他们改正，也会给他们更多的关照。

结合你孩子的情况，孩子现在上二年级，一般来说很难独立检查出自己作业上的问题。建议你不要突然放手，放手需要一个过程。如每周前两天，在孩子做完作业后先让孩子自己检查一遍，然后当着她的面你再检查一遍，如果有错让孩子改正，并且要告诉孩子检查作业的一些方式方法。后三天，让孩子独立检查，看看她能否自己查出问题，对孩子自己查出的问题及时表扬鼓励。也可以和孩子进行游戏，比一比谁先检查出问题。当然，对于全对的作业，家长更要提出表扬。检查作业的最终目的并不是发现错误，而是让孩子学会如何避免错误的发生。

孩子写作文，可以胡编乱造吗

我儿子今年上小学三年级了，平时很喜欢看课外书，也很喜欢上作文课。有一天他放学回来，一开门就很得意地冲到厨房跟我说："妈妈，妈妈，我的作文受到老师表扬啦！还被当成范文在全班朗读呢！"听到这话，我高兴极了，让他吃完晚饭后把作文拿出来和爸爸妈妈分享一下，结果一看到作文我就傻了。作文题目是《我的爸爸》，儿子写得倒是特别感人，说爸爸得了癌症，但顽强地和病魔斗争，还一天打两份工维持家庭开销。可问题是，他的爸爸很健康，工作也朝九晚五很稳定，这样写不是在说谎吗？老师给了儿子作文高分，还予以肯定和表扬，这不是在鼓励孩子说谎吗？我就问儿子，可他满不在乎地说："这有什么关系呢，好多同学都是这样写的，有的说爸爸身残志坚，还有的说爸爸勇斗歹徒死了，老师都没说不行啊，还夸他们写得好呢。"听孩子这么轻松地说着，我心里更担忧了，写作文也不能这么瞎编乱造、轻易撒谎啊！可如果我要去找老师聊这个事儿，她会不会觉得我小题大做呢？

一位哲学家说过："一切事情都是开头最重要，尤其是对年幼者。"小学三年级，孩子刚刚接触作文，对作文是好奇的、有兴趣的。可为什么有的孩子对写作文越来越没有兴趣，甚至提到作文就头疼呢？这大致有两种原因：一是孩子在写作中找不到自信，逐渐厌倦；二是孩子缺乏对生活的体验，没有写作的热情。

当孩子的作文第一次受到老师的表扬时，他是非常开心的。这时候，父母要抓住这个契机，激发起孩子的兴趣。不要太关注孩子写作的内容是否尽如人意，因为对初学写作的孩子来说，兴趣比什么都重要。

一段时间过后，当孩子推开了写作的大门，就需要父母进一步的引导。这种引导不是刻意地指出"你写作文不应该胡编乱造"，而是应该在生活里潜移默化地传达给孩子，比如：多给孩子买一些高品质的文学作品，让孩子体会作者的真情实感；也可以和孩子讨论作品中最打动人心的地方，让孩子明白，好的文章必须先打动自己才能打动别人。更重要的是，鼓励孩子写身边的事情，写眼睛所看到、心中所想到的事情，让孩子知道"小事不小，细节重要"。

没有生活体验的孩子往往喜欢写"假大空"的作文，这需要父母尽自己的能力，多带孩子外出游玩，让孩子亲近大自然，尽情玩耍。在玩耍的过程中，不一定非让孩子观察什么，玩就是玩，只要孩子玩得高兴就行，玩高兴了，如果要写，把他高兴的理由写出来就挺好。如果孩子不愿意写，让他说说也可以。千万不要每次带孩子游玩后，勉强孩子写一篇作文，结果，孩子玩得不尽兴，写得也不精彩，孩子会认为游玩就是为了写作文，慢慢地连玩的兴趣都没了，更别说写了。

作文胡编乱造，这是很多孩子的通病。其实老师不是不知道孩子的作文是编造的，但迫于考试的压力，有的老师会睁一只眼闭一只眼，只要孩子考试过关即可。但我认为，如果要求学生在日常生活中要做一个诚实的人，但又容忍他们在作文中造假，这种反差教育只能造成学生人生价值观的混乱，对他们的成长有百害而无一利。所以，我经常会告诉我的学生，不管你的文章写得好不好，先从真实开始，这样才能眼可见物心中想事。当然，如果发现学生的作文胡编乱造，我也不会严厉批评他，只会给他这样的评语："这件事情好像不太真实哦！真实的才是最好的！"孩子们看到这样的评语后，下次往往也不好意思胡编乱造了。

至于你说要不要找老师聊聊此事，我觉得可以，但是你在表达自己观点的时候一定要委婉，千万不要直接指出："老师，我的孩子作文是编的，你怎么还表扬他呢？"这样说，老师会以为你在质疑他的教学水平，难免心中不悦。在和老师的交流中，你应该首先肯定老师对孩子的鼓励激发了孩子写作的兴趣，感谢老师。接着，你可以和老师探讨一下如何提高孩子的写作水平，在探讨的过程中，让老师知道你希望孩子写真实的、有情感的文章。

在培养孩子写作的过程中，千万不要指责孩子写得不好，这样做只会让他更加怕写作文，当发现孩子作文中有比较好的句子或者词语，哪怕只有一个，也应当给予孩子赞美，这比批评他写得不好，会让他进步得快得多。

　　特别要提醒家长和老师一点，现在很多孩子都喜欢看幻想故事，喜欢写想象作文。对初学作文的孩子来说，合理想象与胡乱编造很难区别，但是这不等于说两者没有区别，写作当中的想象，是建立在作者真实表达的主题上的，这样写出来，读者看了才不觉得空虚、不切实际。

　　培养孩子的想象力，也是作文教学的关键。就我的经验，想象的基础并非"想象"，而是"事实"。无论教哪个年级，我都会先在写实上下苦功，指导学生把熟悉的人、事物、事件描述清楚，"写实"是"想象"的基础，就像"行走"是"奔跑"的基础一样。引导学生观察生活，学会从熟悉的生活中去发现、选择、提炼，学生才不会乱想、假想、空想。

　　总之，只要老师和家长善于引导，孩子一定会写出具有真情实感的好文章。

巧治孩子上课不专心

孩子上三年级，平时成绩马马虎虎。他一直有个很大的缺点，就是上课不专心。老师多次反映，孩子上课时手里总是不离东西，一支钢笔、一块橡皮擦，甚至一张废纸他都能玩好久。有一次上课，他靠墙坐，居然把手指插到了暖气片的缝隙里，费了好大劲才拿出来，手指都划破了。我们也多次和孩子谈心，问他为什么不能专心听课，他总是说："我也不知道，就是控制不住自己。"为此，我很焦虑，我怕孩子这样下去，到了高年级成绩会下降，应该怎么办呢？

其实，孩子上课不专心，有很多原因：老师上课不精彩，无法吸引孩子的注意力；孩子专注力不够，很难长时间专注于某件事情；孩子有心事，无法专心听课；孩子在课堂上少有机会证明自己，难以树立自信心……所以当老师和家长发现孩子上课不专心时，不能把所有的责任推给孩子，一味指责孩子，而应该首先找到孩子不专心听课的原因，有针对性地给予孩子帮助。

家长可以告诉孩子："上课认真听讲是尊重老师的表现，假如你是老师，你站在讲台上讲课，你的学生在下面都不听你讲课，你会怎么想？"引导孩子换位思考。必要时，家长和老师还可以共同协商，在班里开展"今天，我是老师"的活动，让孩子真正体会做老师的辛苦。

要让孩子上课专心听讲，一味地讲道理不如用些幽默有趣的方式。幽默感对老师和家长都适用。当你责骂孩子时，不妨想想，"孩子的这些问题，在我小时候好像也有过哦！"这样，你就会发自内心地笑了。幽默在教育中很有帮助，它使人明白"退一步海阔天空"的道理。

我有一名学生叫阿杰，是班里典型的"说话大王"。只要一上课，他的话匣子就打开了，周围的几个同学都被他打扰得不得安宁。家长们也直接找到阿杰的妈妈投诉，请她管教好自己的孩子。

有一天早晨，我看见阿杰戴着一个很可爱的卡通口罩走进教室，我关心地问他："怎么啦？是哪里不舒服吗？"

他对我摇摇头，摘下口罩认真地说："这是妈妈让我戴的禁言口罩，她说只有上课举手发言的时候才能摘下来，否则，就是犯规。她还让您监督我呢！我犯规了回家要受惩罚，呜呜……"阿杰假哭着，实则开心得不得了。

"什么惩罚啊？"我问。

"罚我周末不能玩游戏呗，我可不干，只好禁言了！"说完，阿杰一本正经地戴上了口罩。

阿杰妈妈的这一招还真管用，在此后很长一段时间里，阿杰上课都没有说废话了，而且，有几个爱讲话的孩子还纷纷效仿阿杰，戴着可爱的口罩来上学，可能，他们觉得这样很潮吧！总之，小孩子的心理，不是大人都能读懂的！

　　经过这些年和孩子们打交道，我也渐渐悟出：很多时候，面对这些性格各异的小家伙，在教育上不必一本正经，更不必气急败坏、大呼小叫，只要用爱，再加上一点幽默感和小创意，一样能让孩子改掉某些坏习惯。对老师、对家长，都是如此。

　　作为老师，如果你的学生上课总是难以专心，你要检查自己的教学方式是否有问题，是否不够精彩，不能吸引孩子的注意。老师教的内容太深或太浅、太刻板、太枯燥，都不能引起孩子的注意，容易让孩子分心。为什么很多孩子看电视会聚精会神？那是因为电视节目能紧紧抓住他们的心。所以老师也要多花心思，钻研自己的教学方法，精彩的课堂也能避免学生上课分心。老师还可以和不爱专心听讲的学生约定，上课尽量看老师的眼睛，并让眼睛跟随老师移动。老师也要适时给学生特别的眼神做鼓励，并保证：这可是我们两人才有的秘密噢。

　　作为家长，你的孩子上课不专心，你要先了解孩子爱分心的原因，用一些有趣的方式帮助孩子解决问题。必要时也可以请求老师的帮助，让老师在课堂上抓住孩子认真听讲的时机，当众表扬孩子，树立起孩子的自信心，让他体会在课堂上的成就感。这样，不仅可以密切师生关系，孩子在上课时也会更加认真。

粗心是孩子的通病吗

目前我的孩子在学习中遇到的最大问题就是粗心大意，比如在考试中，爱把数字抄错，爱把字写错，甚至漏做题。每天，我给她检查家庭作业，都会发现她有这样那样的小错误。帮她指出来后，她就马上修改。"你为什么总是粗心？你怎么才能改掉粗心的毛病呢？"当我责怪她的时候，她总是满不在乎地说："我们班粗心的同学多着呢！"虽然我也知道粗心是孩子的通病，但是如果不改掉粗心的毛病，就永远不能取得好成绩。我也曾问过孩子的老师该如何让孩子克服粗心的毛病，老师似乎也说不出一个具体的好办法，只是说："多鼓励孩子，慢慢来吧！"我可不想慢慢来，希望有立竿见影的好办法帮助孩子变得认真仔细。

确实，很多孩子在小学阶段都会有粗心大意的毛病。有时候家长问老师："我的小孩好像什么都懂，为什么总是得不到高分？"老师也分析不出太多的原因，只能用两个字概括，"粗心"。这样，家长就会给孩子一些心理暗示："你怎么总是这么粗心？""你仔细点不行吗？""你知道吗，你最大的毛病就是粗心，改掉就好了。"久而久之，孩子就会在心理上认为自己真是个"粗心"的人。其实，家长何不换一种方式，将目光放在孩子"细心"的事情上，让孩子得到"自己很细心"的心理暗示呢？

我教过这样一个孩子，他叫小柯，是个十分聪明外向的小男孩。可是他每次做作业不是把"5"写成"3"，就是把字多写一笔或者少写一笔，每次考试，都会不必要地失分。别人问他："小柯，你有缺点吗？"他总是很骄傲地回答："妈妈说我只有一个缺点，就是粗心。"小柯妈很担心，不知该拿他怎么办，找我倾诉。我细心地了解了小柯在家的情况：每天他回到家就在妈妈的催促下做作业，必须做完作业才能玩。于是，小柯做作业总是做得飞快，因为他想赶着看五点半播放的自己喜欢的动画片。所以，每次作业都会有很多错误，妈妈急得不行，就采取了惩罚措施，但是小柯对惩罚特别抵触，总是又哭又闹，弄得家庭气氛十分不和谐。我们做家长的这一代人，从小都会被灌输一种概念："必须做完作业才能玩耍。"但是这种概念是否对现在的小孩都适用呢？国外新近兴起"好好玩耍，好好读书"的教育模式，让孩子自主拟订游戏与读书计划，其原理即在此。据报道，孩子拟订的计划，几乎都是先玩再做作业，结果做作业粗心的现象大有改观。这个方法值得我们做家长的借鉴。家长可以和孩子商量："你今天的作业是先玩后做，还是先做后玩？"在经过自己做决定后，孩子一定会好好地做作业，并且做作业时心也踏实了许多。

小柯妈改变了自己的教育方式，让小柯自主地安排做作业的时间。果真，小柯做作业的准确率明显高了许多。同时，小柯妈还在生活中尽量发现小柯的细心之处，比如小柯很爱惜自己的玩具，他的玩具很少被损坏；小柯还很注意观察家里养的小鱼，总是不忘给它们喂食、换水。小柯妈故意在老师和其他人面前赞扬小柯是个细心的孩子，让小柯觉得自己不再是粗心的小孩，考试时小柯做题也特别认真，粗心的毛病得到了很大的改善。

还有一些帮助孩子克服粗心的方法可以推荐给你。

（1）不要让孩子太依赖橡皮。橡皮是造成马虎的一个根源，反正错了可以擦，于是错了擦、擦了错，孩子不在乎。家长可以和孩子约定：今天做作业只能用两次橡皮擦哟！这样孩子会更加仔细。

（2）让孩子学会自己检查作业。有些家长总怕孩子错题，得不了高分，于是天天给孩子检查作业。这样做使孩子养成了依赖心理——反正错了家长能给检查出来，所以做题时马马虎虎。家长有时可以让孩子自己检查自己的作业，等孩子检查完，父母做评定，对孩子的进步提出表扬或者奖励，孩子马虎的毛病慢慢就会被克服。

对孩子出现的所有问题，都没有立竿见影的解决办法。孩子成长的过程也在考验家长的耐心、爱心和责任心。所以，当家长想要帮助孩子纠正某个问题的时候，一定不要急于求成，多给孩子一些时间。一般来说，21天的有效坚持，就能改变一个习惯。

谁说回家就得做作业？把自主权交给孩子

我发现，孩子越大越不好管了！以前念一、二年级的时候，他还知道每天放学回来的第一件事情就是做家庭作业，做完作业再玩，晚上8点半准时上床睡觉，习惯非常好。但是自从他上了三年级以后，情况就慢慢发生了转变。他每天回家不愿第一时间做作业，我一催他吧，他就说："妈妈，我很累，我先休息一会儿。"然后找各种借口磨蹭，要么吃东西，要么倒在沙发上玩，有时甚至还会要求看一会儿电视。如果不答应他，他做作业明显心不在焉，作业也完成得错漏百出。可答应他了吧，他总是要拖到最晚才做作业，一般做完作业后就到时间上床睡觉了。我觉得孩子这样的习惯是不行的，每天都要我们催他做作业，但是强制他吧，又怕伤害和孩子之间的亲子关系。唉！我也两难，怎么办呢？

也许我们做家长的这一代人，从小就被灌输一个观念：放学回家先做作业再玩的就是好孩子。但是，这是谁规定的呢？谁说小朋友放学回家一定得先做作业呢？

你说孩子回家后不愿意第一时间做作业了，其实，孩子回家后不愿意做作业，这很正常。孩子天性喜欢玩，而枯燥乏味的作业自然是不会讨孩子喜欢的。家长不能强迫孩子一回家就开始做作业，因为家长并不完全了解孩子在学校的生活。多数小学一天的课程是 6~7 节，每一节课都会要求孩子集中注意力，认真思考，完成老师的教学目标。遇到教学方式灵活的老师，孩子还可以轻松学习，但若遇到教学方式传统呆板的老师，40 分钟的时间，对孩子来说是非常辛苦的。再好的学校，也不能保证每一个老师都优秀、教学方式灵活。有的老师有时身体不舒服，或者是临时代课，为了保证课堂纪律，最喜欢用的方式就是让孩子做课堂作业。所以，如果孩子一回家，家长就强迫他先做完作业，往往只有坏处，没有好处。为什么？孩子不愿这样做，但迫于家长的压力不得不做，那么很容易导致孩子的厌倦，从而产生对学习的厌恶，时间一长，甚至会导致孩子对作业应付了事，一旦出现这样的恶果，要帮孩子改过来就难了。

　　不能强迫孩子一回家就先做作业，但孩子的作业又必须完成，家长应该怎么做呢？最好的办法就是把自主权交给孩子，引导孩子自己安排学习和玩耍的时间。家长可以与孩子进行沟通，先和孩子约定好每天晚上睡觉的时间，如果是 8 点半睡觉，那么 8 点半以前的时间完全由孩子自己支配。至于什么时候玩什么时候做作业，家长不必强求，只要孩子能完成学习任务能按时睡觉，先后顺序又有什么关系呢？这样做的话，孩子会感觉自己能得到家长的信任与尊重。同时，让孩子学会自己安排自己的事情和完成的时间，也能培养孩子的责任心，提高孩子的自主能力。

　　不管是老师还是家长，在教育孩子的时候，尽量多试着站在孩子的角度想问题，把孩子当成独立的个体，让他们有更多的自主权，学会自我管理。

我在当老师的时候就有这样的切身体会，如果在教育学生时，都是规定学生什么时间做什么，这样就会发现学生没有创造力，学习也很死板，长此下去，学生完全不能自己思考，遇到一点小事情都要请示老师，老师也教得很累。如果老师把自主权交给孩子，只需在一旁细心点拨，孩子就会更加主动地学习和思考，班里的学习氛围也会更积极。我还记得，那时，我们学校每天早晨学生到校后有 20 分钟晨读时间，低年级时，所有的孩子都遵循这个规定，到了学校就读书。但是新鲜感一过，大家对晨读就没什么兴趣了，有的孩子拿着书假装张嘴巴，有的孩子把漫画书藏在语文书里偷看……晨读也成了一种形式。后来，我决定改革，把每天早晨的 20 分钟改为"开放时间"，孩子们只要遵循"不大声吵闹"的规定，可以自由选择做什么：愿意看书的看书，愿意下棋的下棋，愿意画画的画画，愿意聊天的就聊天。孩子们对这种方式举双手赞成。短短的 20 分钟，他们觉得自己比其他班的孩子更加轻松也更加幸福，到了上课时间，大家都能自觉地安静下来，积极地投入学习状态中。给孩子支配时间的权利和机会，让他们自己决定先干什么、后干什么，这对他们今后主动适应社会生活、主动约束自己的行为、形成一定的时间观念，有着深远的意义。

家，是孩子最放松的地方，千万别把家变成孩子的另一所"学校"。当你的孩子回家后，把时间交给他自己去支配吧，无论是先做作业还是先玩，都支持他的决定。如果他没有按照自己的计划去执行，就让他自己承受相应的苦果。慢慢地，孩子会在享受父母给予的自由时，管理好自己的时间，约束好自己的行为，长大后，方能决定自己的人生。

孩子爱上网，约定很重要

我儿子今年上五年级了，学习成绩在中游。他很爱玩电脑，爱上网，每天总是草草地完成作业后就坐到电脑面前，我怎么也制止不了。为了不让他上网，我干脆把家里的网络停用了。没想到，儿子和我大吵一通，还以不再上学为要挟，让我不准停网络。他爸爸气得狠狠"教训"了他一顿，他才不敢不去上学。但是，后来我发现儿子放学回家的时间越来越晚。我们家离学校很近，步行不超过10分钟，平时孩子也不需要我们接送。于是，我在儿子放学的时间偷偷地去学校跟踪了他，才发现他没有走回家的路，而是跟着另一个男生去了别人家。后来一问儿子，他说，是为了去那个男生家上网。因为上网这件事情，儿子和我们的关系闹得很僵，现在在家里几乎不说话。我们难道做错了吗？

我想说：你们真的做错了。

孩子接触网络并非坏事，适当上网能够开阔孩子的视野，能够带给孩子很多新鲜的体验。有些家长谈"网"色变，是因为他们只关注青少年沉迷网络的负面消息，而没有亲自去体验网络世界，接受和了解网络带来的正面信息。其实，在孩子上网的过程中，最需要的不是家长的监督与制止，而是家长的引导和帮助。

沉迷网络的孩子，有的是因为和父母的交流与沟通不够，孩子感到孤独寂寞；有的是因为父母对孩子的教育方式太专制，让孩子产生逆反心理。

如何让孩子上网不上瘾？首先，在孩子接触网络初期，父母应该和孩子建立一定的规则。跟孩子定下可以上网的频率和时间，并且做到家里的每个成员都遵守。良好的开始是成功的一半，从一开始就设置规则，那么，以后孩子独立上网时就能很好地控制自己了。其次，父母要做的是观察孩子浏览了什么网站，你可以向孩子了解这些网站的内容，还可以和孩子玩同样的游戏，或者体验同样的网络世界。在这个过程中，你不仅能找到和孩子共同的话题，走进孩子的心灵，也能及时帮孩子过滤一些不健康的网站。

我曾经教过一名学生叫晓波，他平时很喜欢玩游戏。我在一次家长座谈会上，让家长畅谈自己的教育心得，和大家分享，晓波妈妈的讲述让所有的家长受益匪浅。

晓波最喜欢玩电脑游戏，每天回家做完作业就玩电脑，我一训他，他就给我来劲，甚至还说不让他玩电脑他就不上学啦，有时我恨不得把电脑给砸了！我怕晓波的视力受损，更怕他有了网瘾戒不掉。为这事，我经常责怪晓波爸爸，怪他没事也和孩子一起玩游戏，不管教孩子。晓波爸爸问我：你知道晓波玩的是什么游戏吗？"我不需要知道。"我气愤地说。"那晓波平时给你讲他的心事吗？""他平时见到我像仇人似的，话都不想跟我说。反正在家里你扮好人我扮恶人，你满意啦？"我越说越生气。后来，晓波爸爸认认真真地跟我长谈了一次，他让我改变和儿子的相处方式，试着和儿子一起玩游戏，说不定会有新发现。虽然我很不情愿放下妈妈的架子，但也答应了晓波爸爸试一试。于是，晓波玩游戏的时候，我没有再大呼小叫地制止他，而是走到他身边，装作很有兴趣地看他玩。起初，他并不理我，还会轻蔑地问："你看得懂吗你？"我也不生气，笑呵呵地说："看不懂你教我呗！"后来，他见我在一旁待着无聊，也会主动地说："你想玩就告诉我，我可以找双人的游戏，我们一起玩。"就这样，我开始同孩子一起玩游戏了。不玩不知道，一玩我还真发现了游戏的乐趣，而且有很多游戏不仅要眼疾手快，还要开动脑筋，不是我当初想的那种全是打打杀杀毫无意义的东西。因为每天玩共同的游戏，晓波跟我说的话也越来越多了，有时我也故意转移话题，让他谈谈在学校发生的一些事，他也乐意跟我讲。而且，我们还约定了玩游戏的时间，每天家里3个人，每人轮流玩半个小时。晓波很愿意遵守这样的规则，他玩的时间结束后会主动离开电脑，让给我或他爸爸，他就会去看看书，做点其他感兴趣的事情，这样的方式，比我当初呵斥他不准上网效果好多了。

网络不是洪水猛兽，家长完全可以让孩子大胆地接触网络。但同时，家长也要学习、了解网络，担负起引导孩子的责任。应该把电脑放在书房等公共的地方，每个成员上网都应该是透明的。你也可以同孩子讨论他在网上遇到的问题，帮助孩子平衡上网与学习的关系，引导孩子在网络空间中做出判断。

当然，家里的业余生活一定要丰富，除了上网以外，还应多组织一些户外的活动，带孩子接触大自然，郊游、做户外游戏，或者在家里定期展开阅读分享会、甜品制作会，等等，减轻孩子对网络的依赖。

90 分胜过 100 分

可能是因为我念书的时候成绩还不错，总是班上的前三名，所以我对女儿学习上的要求也很高。每一次孩子考试，我都希望她能全力以赴，考出最好的成绩。我认为只有从小成绩名列前茅，才能一路凯歌。但是，女儿总是不能令我满意，每次考试都只能考 90 多分。看她的试卷，她错的地方不是不会，而是粗心或者没有认真理解题意。我也想过一些激励孩子考 100 分的方法，比如承诺她考了 100 分我就给她奖励或者带她去旅游，等。但是都没什么效果，她还是考不了 100 分。"班里也有考 100 分的同学，你为什么就不能争取考 100 分呢？"每当我这样对她说，她总是顶撞我："你去考 100 分吧！"我觉得孩子很不思进取，该怎么办？

我很不理解，为什么有些家长非要让孩子考 100 分才觉得心里舒服。作为一名老师，我也希望我的学生成绩好，曾经也梦想每个学生都能考 100 分，但后来，我渐渐开始痛恨这个"100 分"。

我们先来看看低年级学生在作业本上的造句吧！

"希望——我希望我每次考试都考 100 分！"

"梦想——我的梦想是每次考试都考 100 分！"

"高兴——我考了 100 分，我真高兴！"

"表扬——我考了 100 分，妈妈表扬了我。"

"如果——如果我每次考试都能考 100 分该多好啊！"

……

　　类似的句子还有很多，不难看出，小小的孩子对 100 分是多么的渴望，仿佛除了 100 分，就没有让他们觉得更高兴的事情了，这其实是一种教育的悲哀。家长对 100 分的过分追求，投射在孩子的心中，轻则导致孩子考试紧张，学习焦虑；重则让孩子失去了学习的兴趣，认为学习的唯一目的就是考出好成绩。正是这种十全十美的偏执心态，让家长忽视了对孩子内在进步的肯定，也伤害了孩子的自尊心。

　　我教过一名学生，叫苗苗。苗苗是班里的学习委员，平时成绩很优秀，经常考 100 分，但一到期末考试就发挥失常。有一次，苗苗在期末考试中考了班里的倒数第二名，连试卷都没有做完。虽然我没有批评苗苗，但苗苗知道了自己的成绩后在班里号啕大哭，任谁劝都没有用，甚至死死地拽住桌子，坚决不回家。我只好通知苗苗的妈妈来到学校。苗苗的妈妈一到学校听到这个情况后，十分生气，责骂着苗苗："你这孩子，不知道怎么回事，明明告诉你了，考试不要紧张，仔细做题，你就是不听话！"

　　其实苗苗妈没有意识到，正是她对孩子过于完美的要求，让苗苗希望每次考试获得 100 分，所以一到重要的考试，这种愿望就更加强烈，从而导致过度紧张，出现不该有的失误。

100 分仅仅是一个外在的符号，它并不能完全代表孩子对知识的内在兴趣和把握。当家长和孩子开始沉溺在对 100 分的"虚荣"中，就已经陷入了学习的牢狱。

就这些年我当老师的经验来看，一个在学习上优秀的孩子，特别是进入初中后学习越来越好的孩子，在小学阶段通常不是经常考 100 分的那一类，而是长期稳定在 90 分左右的那一类。这类孩子学习轻松，没有压力，有很好的学习方法和心态，往往后劲十足。

老师和家长都希望孩子成绩优异，但在希望的同时，一定要保持平常心态，分享孩子的进步。"100 分并不能说明什么"我们要在心里反复暗示自己。除掉了"100 分"的执念，我们就会发现孩子很多的进步，如孩子做题变得仔细了，书写变得优美了，作业速度提高了，等等。我们要学会体察孩子的努力，分享孩子的进步，并大声地表扬孩子的进步。这样，孩子会在我们的表扬声中加倍努力，取得更好的成绩，而"100 分"也不过就是锦上添花的事情。当孩子真的获得 100 分时，不必过分夸奖，应该给予像孩子取得其他进步时同等程度的赞扬。

当然，表扬孩子的进步，并不意味着我们可以对孩子的错误忽视不管，我们要和孩子并肩努力，一起分析错误的原因并想办法去改正。比如，你可以这样对孩子说："孩子，这次考试你取得了这些进步，我很高兴。现在，让我们一起来消灭这些错题。"

其实小学生的错题无外乎三种情况：一是不会做，二是审题错误，三是粗心大意。对于不会做的题目，和孩子一起看看书上的相关知识点，再更正答案；对于审题错误，帮助孩子重新理解一遍，告诉孩子每次考试多审几遍题目的含义；对于粗心大意的错误，要培养孩子平时做完作业自己检查的习惯。

作为家长，你一定要记得，孩子长期稳定的成绩比偶尔获得的 100 分更值得赞扬。如果你的孩子长期都保持在 90 分左右，你应该感到高兴，你要做的，只是充分肯定孩子的成绩，并且帮助孩子找到更好的学习方法，孩子一定会在以后的学习生涯中带给你超过 100 分的惊喜！

第四章
家长对孩子的情绪疏导

孩子很优秀，家长也别高枕无忧

　　我的女儿依依从小学一年级到六年级都是班里的班长，六年级时还是学校的大队委。这次毕业的时候评选市三好生，每个班只有一个名额，老师选了另外一位女生，那位女生虽然也算优秀，但是论成绩和能力还是比我家依依稍逊一筹。依依回家后情绪特别低落，我们也不知道怎么安慰她，更不便去质问老师为什么不选依依。因为这6年来，老师对依依还是特别重视的，为什么最关键的时候却……真不明白老师的意图。我的朋友说是因为我没去给老师送礼。我从没想过要靠送礼来让老师给孩子什么特殊待遇，再说老师从来没说过孩子有什么问题，每次开家长座谈会，依依也是被所有老师表扬的对象，我们感到很骄傲也很放心，所以我们也很少与老师交流孩子的事情，真不知道这一次，老师是怎么想的。难道真是因为我们没有送礼吗？

　　当然不是。从你的叙述来看，你的女儿依依一直受到老师的重视。如果老师唯利是图，肯定不会连续6年选依依做班长，还推荐她当学校的大队委。这说明老师是很公正的。关于这件事情，原因有很多种，不过，从你的叙述来看，我猜主要原因是作为家长的你们与老师的沟通不够，也许老师觉得这份荣誉对依依来说无关紧要，因为你们从未向老师表达过这方面的要求。

在办公室里，经常会听见一些老师的念叨："我们班 xx 很不错，我特别喜欢他，可每次都是他爷爷奶奶来接送，连他父母长什么样我都不知道。"

"xx 的家长从来不和老师交流，不知道有多忙。"

"通知 xx 的家长好多次了，让他到学校来，还是不见影儿，请也请不来！"

……

可见，老师们还是特别在意和家长之间的交流的，因为只有在交流中，才能清楚双方对孩子的具体希望和要求，便于老师开展工作。你也说了你们很少到学校去和老师沟通，老师也许以为你们根本不在乎孩子的荣誉，所以就把这份荣誉给了那个也比较优秀，而且更在乎这份荣誉的孩子。

小秦老师也遇到过类似的问题。有一次，学校评选"十佳少年"，每班推选一名候选人。小秦老师班上有两个孩子符合候选人的条件，可是名额只有一个。小秦老师左思右想拿不定主意，最后，有老师给她支招：谁的家长更在乎孩子的荣誉，你就选谁呗！小秦老师豁然开朗了，这两个孩子确实都很优秀，但是其中一个小孩的父母经常到学校询问孩子的状况，并且主动告诉老师孩子在家中的表现，对孩子的期许很高。另一位孩子的家长很少和老师交流，似乎对孩子在学校的表现也漠不关心。所以，小秦老师终于知道该选谁了。

哪怕孩子再优秀，家长也不能高枕无忧，应该定期去学校找老师交换意见，让老师明白做家长的是在意孩子的。

有些事情，你不说，老师自然不会明白。经常去学校和老师交流，每次时间不必太长，哪怕只是一两句话，也会加深老师对你和孩子的印象，至少知道你对孩子是在意的，而不是漠不关心的。而且，老师越是重视你的孩子，你越要经常和老师交流，让老师知道你对他内心的感谢。

此外，表现优秀的孩子往往都会有一种优越感，如果父母从不在孩子面前提到老师的好，孩子的潜意识里会觉得自己的一切都是应得的，与老师无关。做家长的，一定要当着孩子的面感谢老师的付出，哪怕是一两句暖心的话语："老师，您辛苦了！""孩子特别喜欢您！""谢谢您这么重视我的孩子！""孩子最需要老师对她的赞扬和肯定！"……这些话都会让老师倍感尊重，认为自己的付出没有白费，同时，也教会孩子从小学会感恩。孩子毕业后，家长也可在教师节给孩子以前的老师发去祝福的短信，或者孩子升入高一级学校后，让孩子向以前的老师汇报喜讯，这些做法都会让孩子有一颗善良感恩的心。

虽然依依没有被评为"市三好"，但我的建议是你们还是应该主动去学校找到依依的老师，当然，绝不要提"市三好"的事情，而应该向老师坦言，这几年来你们因为孩子比较优秀，而很少主动和老师交流是你们的失误，并且真心地表达你们对老师的感谢，感谢她一直以来对依依的教育和重视。为什么要这样做呢？一是让老师觉得她的心血没有白费，心里特别舒服。二是老师会以自己的方式去安慰鼓励依依，毕竟在这种情况下，你们说千句话去抚慰依依受挫的心不如老师说一句话更有用。

孩子爱"臭美"，妈妈把握"度"

　　我的女儿才上小学一年级，每天早晨她都会为穿哪件衣服和我争执好久。有时气温明明很低，她非要穿薄裙子，我怕她感冒，不要她穿，她就哭闹着不去上学；还有时，她回家会对我说："我们班xxx穿的衣服可漂亮了，上面镶着珍珠，我也要买那种镶珍珠的衣服。"如果我不答应她，她又会和我赌气。最近有两次，我还发现她偷偷地用我梳妆台上的化妆品，吓得我把所有化妆品都锁起来了。大家都说，孩子是父母的镜子，孩子身上的行为都是受父母影响。但是，我平时很少化妆，穿着也属于大方朴素的类型。我不明白，怎么生了个这么"妖精"的女儿。我很担心，她从小就这样臭美，长大后会不会变得爱慕虚荣？我该怎么改变她呢？

　　你的担心是多余的，爱美和爱慕虚荣没有必然关系。爱美之心人皆有之，只是每个人的强弱程度不同而已。孩子开始爱美了，说明她的独立意识萌发了，孩子成了一个有主见的人了，家长应该感到高兴才是。孩子对衣服的颜色、式样有自己的喜好，而有时，家长往往以自己的观点左右孩子，孩子不愿服从，这就造成了双方的矛盾。其实家长完全可以尊重孩子自己的选择，如果害怕孩子感冒，可以给孩子穿一条厚一些的打底裤，或者让孩子在薄裙子外加一件外套。当然，家长必须带着开心的语气说："这样穿很有范儿，很时尚！"这样孩子就会容易接受。假若孩子还是不接受，执意想按照自己的想法，家长就任她去尝试，等孩子自己尝到苦头也就明白了。

好多小姑娘都喜欢穿裙子，我小时候也是。那时我家的经济条件不好，我除了夏天有几条薄薄的裙子，其他季节根本不可能穿裙子。看到有同学在春秋穿那种毛线织的裙子，我满心羡慕，但又不好意思向妈妈开口。有一天，临近四月，阳光明媚，我迫不及待地拿出夏天的薄裙子套在身上，光脚穿着一双凉鞋就去上学了。妈妈没有干涉我，只是对我说："你这样穿会冷啊！""不会！"我当时穿裙子的兴奋能抵挡住一切寒冷！果然，第二天我就感冒了，发烧咳嗽不止，在家里休息了好几天。后来，我再也不敢在不合适的季节穿裙子了。

孩子爱美没有错，关键是如何引导孩子正确看待美。鼓励孩子爱美的同时，教育孩子什么是真正的美，告诉他们真正的美必须符合自己的年龄和身份。适当地爱美有助于培养孩子的自信与气质，有助于孩子与其他小朋友的交往。只要把这个度把握好，让孩子从小美美的，有什么不好呢？

我教过一名学生叫可儿，小姑娘长得不漂亮，可是很爱美，却不会打扮，经常把头发梳得乱七八糟，有时还戴些花花绿绿的首饰到学校，同学们都爱嘲笑她，但她依然我行我素，觉得自己很美。有一天上语文课，可儿的同桌举手告状："饶老师，可儿画了眉毛，抹了口红，还涂了指甲油！"

"真是臭美！"

"有一次我还看见她穿她妈的高跟鞋。"

"你看她的头发像疯婆子！"

"又丑又笨！"

……

班里一阵哄笑，后来可儿把头埋在臂弯里"呜呜"地哭起来。

"继续上课。"我没有发表任何评论，示意大家继续上课。

下课后，我牵着可儿去我办公室，用毛巾把她的脸洗干净，然后从包里拿出一根橡皮筋帮她把散乱的头发扎成一束马尾。

我问她："你平常都是自己梳头吗？"

"嗯。"她点点头，说，"我妈妈一大早就要出去摆小摊，都是我自己穿衣服自己梳头。"

"那你真能干，像我一样。我从小也很会自己梳头，梳各种马尾，还扎小辫儿呢！"

"那你现在为什么总是披着头发呢？"可儿歪着头问我。

"因为我现在是大人了啊，小姑娘和大人的发型是不同的，小姑娘还是要把头发扎起来，又干净又漂亮！我现在多想回到过去扎辫子的年龄，可惜回不去了！所以，我特别喜欢看你们甩动马尾的样子，活泼又可爱。"

我握着可儿的手，她紧紧地攥着拳头，怕我看见她涂的指甲油。我装作不知，对她说："'美丽'这个词包含的东西太多了，外貌、打扮、学识、涵养……你们在老师眼中都是美丽的，因为你们都很纯真。这个年龄的你们，纯真就是最美的。"

从那以后，可儿再没有打扮得稀奇古怪的来上学了。她的故事也被我写进了我的儿童小说里，没想到有好多小读者都喜欢这个故事。

孩子开始爱美了，家长和老师应该好好利用这个契机，帮孩子树立正确的审美观，让孩子意识到不同的年龄段、不同的场合对美有不同的要求。不把奢侈当作美，不把炫耀当作美，不把攀比当作美，不把怪异当作美。对学生来说，自然的、清纯的、健康的美才能得到大家的欣赏和赞许。

关于孩子使用大人化妆品的问题，我也有很真实的感受。孩子对大人的化妆品都是充满好奇的，如果你只是批评孩子，或者不让孩子接触，不满足她们的好奇心，她们下次还会想方设法地去玩弄化妆品。记得我女儿 4 岁的时候，有一天，我下班回家，看见她的两个眼圈黑乎乎的，像大熊猫一样。我吓了一跳，问她："你抹了什么？"她冲进我的卧室拿着一支睫毛膏出来对我晃晃说："这个！"我哭笑不得，赶紧帮她把脸洗干净，然后带她到我的梳妆台前，给她讲每一种化妆品的不同用法，并让她都尝试一下。她听得津津有味，还不时地问我："妈妈，我什么时候才可以用这些东西啊？"我告诉她："你长大了以后就可以用了。"

"长大是多大呢？"

"18 岁以后吧！"

"为什么现在不能用呢？"

"因为这些东西都含有化学成分，你现在用的话，会伤害你娇嫩的皮肤，你会提前衰老。"

"哦。"她若有所思地点点头。

后来，女儿再也没有动过我梳妆台上的化妆品。

孩子在成长过程中会遇到各种各样的问题，关键是我们做父母的怎样去引导。孩子正是在一个个问题的出现与解决的过程中才慢慢成长、学会独立面对生活的。

针对孩子的爱美行为，家长首先要以身作则，自己打扮得大方、得体，并具有一定的时尚感，同时要告诉孩子，美所包含的种种内涵，不同年龄、不同个性要体现不同的美。家长可以经常和孩子讨论什么是美，也可以在自己的穿衣打扮上征求孩子的意见。给孩子买衣服的时候，尽量带孩子一同挑选，并给予搭配的建议。从小培养孩子对美的品位和追求，不仅能完善孩子个人的生活习惯，还有利于他的人际交往，甚至关系到他今后事业的成功。

如果孩子为了美，提出过分的要求，家长应当果断制止，并告诉孩子制止的原因。家长也可借助亲戚、老师的帮助给孩子合理的建议，还可利用孩子爱美的时机提高孩子管理自己的能力，如：让孩子将已有的衣服搭配穿出最好的效果，让孩子对自己的衣服进行清洗、整理、收纳等。同时，可以指导孩子在合适的场合做合适的打扮，充分提高孩子的审美意识。

孩子上小学，你的问题都有答案

是谁让孩子不合群

　　我的女儿思思上小学三年级。她平时乖巧听话，成绩也不错。老师也说思思除了比较内向，没有任何问题。但是，我发现思思放学回家后很少说班里的事情。我每天去接她时，别的孩子都是三三两两、说说笑笑地结伴而出，思思却自己背着书包，孤单地走出校门。更令我惊奇的是，孩子上学 3 年，竟然不认识班里的部分同学，连名字都喊不出来。我觉得思思很不合群，在学校里也过得不快乐。我曾经问过她："你在学校最好的朋友是谁？"她想了很久，才说出一个名字，是坐在她前面的女生，但是我平时也没见她和这个女生一起玩。

　　有时候，我也在想，是不是因为我的交际能力一直很差劲，所以遗传了孩子。我从小就没什么朋友，可以说是在孤独中长大的。即便现在走进单位，我和同事们除了工作上的交流，私下也是没有什么联系的。我的性格已经成了这样，但我并不想孩子步我的后尘，能有什么办法让孩子合群吗？

　　孩子不合群的原因与父母对孩子的态度及家庭环境有重要关系。

　　如果父母对孩子过度关切，事事代为安排，往往令孩子失去发展合群性的机会。还有一种情况是，父母过于严肃，缺乏教育孩子的经验，和孩子之间的关系是管教者和被管教者，让孩子一直活在胆小谨慎中，这样的孩子也很难主动结交朋友。

不合群虽然说不上是什么大问题，却妨碍了孩子去适应环境和学习新知识，他们长大以后很难与人合作，也很难适应社会发展的需要。合群的孩子在知识范围、语言表达、人际交往等方面均明显优于性格孤僻、不爱与人交往的孩子。

你在来信中说你从小在孤独中长大，你分析过原因吗？你也知道你的人际交往存在一定的问题，那么，要想让孩子合群、学会交际，你首先要改变自己，如果你自己都没有好朋友，从不主动与人交往，孩子也学不会如何与人相处。

首先，你应该放松心情，表现出和蔼、友善的态度与孩子接近。每天你要抽一定的时间跟孩子交谈，从孩子的言谈中知道孩子有没有好朋友。如果孩子有好朋友，可以让孩子邀请好朋友到家里来玩，父母热情对待；还可以和孩子好朋友的家长联系，定期带孩子一起聚会，或者去郊外野餐等。这些活动让孩子、家长间都有了共同分享的话题，是双方受益的事情。节假日你可以带孩子去公园或亲朋好友家走走，积极创造条件让孩子与小伙伴一起玩耍。开始时你可陪伴在孩子身旁，陪他与小伙伴一起做游戏，等他们熟悉之后可让他们自己玩；每次游戏后你都应比较夸张地表扬孩子玩得好、玩得有趣，使孩子在玩乐中感受到小伙伴的可爱及集体活动的欢乐。

其次，你要有意识地培养孩子的合作能力。你可以交给孩子一些单独一个人难以完成的任务，鼓励孩子与别人合作完成，或向家人求援完成，增加他与别人交往的机会。同时让孩子懂得一个人的力量很小，有些事情办不到，而大家一起做，事情就好办了。

你还应该亲自做示范，在人际交往方面做到大度宽容、彬彬有礼、热情大方，多带孩子去和你的好朋友见面，让孩子看到父母是如何与好朋友相处的，在观察中学到更多与人交往的方式。当孩子懂得了正确的交往方式后，家长还可以带着孩子多参加各种类型的活动，让孩子在活动中接触更多的人，之后家长再慢慢放手，鼓励孩子主动与人交往。

除了亲自示范，你也可以求助孩子的老师，让老师号召其他同学多给孩子一些交往的机会。此外，你要观察孩子周围的同学平时喜欢聊什么、玩什么甚至吃什么，孩子如果没有跟同龄人一样的兴趣，也很难交到朋友。经过这些帮助，如果你的孩子交到一个非常要好的朋友，就要鼓励他了。但父母别给予孩子过高的希望，让他去交很多朋友，学校不是社交圈，不需要孩子有如此高的社交能力。你要做的是，帮助孩子加深与好朋友的友谊，这比要求孩子交很多朋友更为重要。

总之，要改变孩子不合群的现状，首先，要改变你自己。

让孩子从"爱花钱"变成"会花钱"

我女儿今年8岁，是个在蜜罐中泡大的孩子。我和孩子的妈妈都在做生意，家庭环境比较富裕，但是我并不赞成用物质来满足孩子，也不愿意娇惯孩子。不过，由于我们夫妻工作忙，孩子基本跟着我父母长大，是个典型的"小公主"，几乎是要什么就能得到什么，除了天上的月亮摘不下来，我父母什么都愿意买给孩子。现在，孩子上三年级了，每天脑袋里想得最多的就是怎么让大人给她钱，她能去买玩具、零食，还有一些花花绿绿的小饰品，但多数东西被买回家后，她总是丢在一边，从不珍惜。虽说孩子买这些东西不会给我们家造成什么经济压力，但是我总觉得孩子不能这么小就养成乱花钱的习惯。我们这一代都是吃过苦才知道今天的生活来之不易的，但如何让现在这些小孩学会节约呢？

其实，购物是一个人融入社会的重要活动。孩子具有独立购物的能力了，说明他的人际交往能力和个人意识、经济意识都发展到了一个新的阶段，这正是一个好机会，只要我们能耐心巧妙地引导，就可以让孩子从小学会如何花钱、如何理财。

所以，孩子花钱也有积极意义，我们并不能一概否定，更不能如临大敌，应该针对不同的情况采取不同的办法。

一般来说，孩子喜欢花钱购物，有的是出于享乐的天性，有的是出于好奇，有的是出于攀比——只要别的同学有，自己也想有，实际上是希望得到同学的认同，是一种交际的需要，也是建立自尊和自信的需要。

如果孩子花钱是出于享乐和好奇，比如看电影、去游乐园、买零食等，家长应根据自己的家庭条件合理满足孩子的需求。如果有条件却对孩子过于苛刻，容易造成孩子心理的扭曲，使其对享乐的欲望反而更强，将来一有机会，很有可能畸形地爆发。如果孩子花钱是出于攀比，别人有的自己也要有，这时，家长可以耐心地和孩子沟通："每个人的环境不一样，每个人所拥有的东西也不同，有的东西别人有你没有，但有的东西你有别人也没有啊，拥有和别人不同的东西才能体现自己的独特之处。"若有机会，家长还可以专门给孩子带回一两件新奇的礼物，让他也能拥有别人没有的东西，从而得到满足感。

当家长发现孩子有独立购物能力的时候，就应该有意识地培养孩子的理财能力了。首先，家长可以每月给孩子一定数量的零花钱让孩子自由支配，若孩子提前用完又再问家长要钱时，家长一定要遵循之前的约定，不能妥协再给。其次，在孩子自由支配零花钱的过程中，家长要耐心引导。如：为什么要买——这件东西有无购买的需要，若有需要才买；到什么地方去买——若是买铅笔、作业本、小贴画等，到小市场去买比在大商场买合算；怎样避免买到劣质品——让孩子多学习价值、价格、包装、商品流通等相关知识。我们甚至可以把平时家里的一些必要开支让孩子去负责，让他自己去积累经验，体会花钱的道理。在这个过程中，家长退到了幕后，只是一个引导者，决定权在孩子。既然把钱给了孩子，就让他自己去规划。如果孩子能学着记账，详细记录支出的内容最好，若孩子花钱得当，家长还可以考虑酌情给予奖励。

人活在世上，离不开物质财富，让孩子从小学会花钱，就是在培养他的生存能力，帮他树立正确的价值观，这也是孩子成长的重要一课。有时候，若孩子提出过分的物质要求，家长不要立刻沉下脸来拒绝甚至批评孩子，可以想一些巧妙的办法给孩子正确的引导。

芳芳是一个特别爱攀比的孩子，只要看到别的小朋友有的东西，她都想要。有一天，芳芳非缠着爸爸妈妈给她买平板电脑，说好多同学有。芳芳妈妈坚决反对，理由是玩平板电脑会影响视力，还会让孩子不爱运动。芳芳立即嘟起小嘴不高兴了。这时，爸爸想了想说："爸爸支持你买平板电脑。""真的？"芳芳瞪着一双怀疑的眼睛问爸爸。爸爸郑重地点了一下头，说："不过嘛，爸爸有个建议，我们要合资买平板电脑，就是你出一半钱，我出一半钱。"芳芳的目光立马黯淡下去，说："可我没钱。"爸爸说："可以攒呀，你少吃零食、少买玩具再加上你的压岁钱，不就解决了吗？"芳芳点了点头。

从这以后，芳芳为了攒钱买平板电脑，改掉了一放学就买零食吃的习惯，口渴了，也不再喝饮料，而是改喝矿泉水。

过完春节，芳芳拿着自己攒够的钱给爸爸，问："爸爸，可以买平板电脑了吗？"爸爸说："虽然钱还差一点，但是爸爸可以先帮你垫上一部分，给你买一台平板电脑，以后你再攒钱还给爸爸，好吗？"芳芳乐坏了，狠狠地亲了爸爸一口。

令芳芳爸爸开心的是，芳芳非常珍惜这台平板电脑，而且从这以后，芳芳知道爱惜钱了。

所以，有时候，对于孩子提出的物质要求可以建立延迟满足，这不仅能培养孩子的自我控制能力，还可以让孩子珍惜来之不易的东西。

还有一点，大人是孩子的榜样，我们不妨反省一下，自己是不是从不计划用钱？是不是很热衷于逛商店？是不是很爱网上购物，买回一些没有用的东西？给孩子的零花钱数额是否合适？我们对待物质的态度也会反映在孩子身上，所以在教育孩子的同时，还要从我们自身做起。

孩子与同学有嫌隙，"察己"比"律人"重要

　　我的女儿最近遇到一件事情很苦恼，她和好朋友芊芊决裂了。我问女儿："你们之间是不是有什么误会啊？"女儿说："是芊芊太虚伪了，那天老师让全班无记名投票选升旗手，我差了几票没被选上。芊芊还安慰我说'没关系，下次还有机会，反正我选的是你'。谁知道芊芊的同桌悄悄告诉我，她根本没有选我！哼！她还是我的好朋友，没想到这样对我！我再也不想理她了！"

　　虽然女儿说得很容易，但是我能看出她失去了好朋友，其实也很难过。女儿在班里属于比较优秀的那一类学生，平时也很好强，自上学以来，最好的朋友就是芊芊了，那个小姑娘也到我们家来玩过，看起来非常秀气，也很有礼貌。本来我不想介入孩子之间的矛盾，很多教育专家都说过，孩子的事情让孩子自己去解决。但是，我每天去接女儿放学，看到她一个人孤独地走出校门，我又很心酸。我是不是该帮帮孩子呢？

　　孩子入学以后，和同学之间发生矛盾与冲突，是很正常的事情。但每个孩子对待问题的态度都不一样，有的会回家告诉家长，有的会直接告诉老师，还有的会埋藏在心里对谁也不说。其实，引导孩子正确对待同学之间的矛盾冲突，不仅有助于孩子形成良

好的人际关系，培养孩子健全的人格，还有助于提高孩子处理问题、适应未来社会生活的能力。

作为老师，我也会经常解决学生之间各种各样的矛盾。

每当面前站着几个噘着小嘴怒气冲冲的孩子，我首先会问清楚事情的经过，要求他们一个一个地说，别人在说的时候，其他人不能插嘴。一般在这个环节，多数孩子都会陈述对方的错误，很少有孩子会主动说出自己的错误。静静听完每一个孩子的陈述后，我基本上已经了解了发生矛盾的原因和过程。然后，我会说："你们说的都是实话，我也很认同你们的观点，但是有一个问题你们忽略了，你们都只说了对方的错误，没有说到自己的错误。俗话说'一个巴掌拍不响'，发生矛盾往往是双方的事情。接下来，老师想听听你们觉得在这件事情上，自己的错误是什么呢？"

往往这个时候，孩子们都会很快说出自己错在哪里，其实他们不是不知道自己错在哪里，只是希望用别人的错来掩盖自己的错。事实上，孩子之间发生了矛盾或冲突，我们应该首先教导和启发孩子认识并改正自己的错误，引导孩子对错误行为进行补救，在这一引导过程中，让孩子了解到什么是可以做的，什么是不可以做的，怎样做才能避免和他人的冲突，等等。对于经常和同学发生纠纷，然后又总是以指责别人来逃避责任的孩子，父母更应该重视，一定要让孩子知道，在和同学产生冲突后，察己比律人重要。这也是培养孩子责任心的有效办法。一个敢于面对自己的过错并勇于主动承担责任的孩子，会从自己的行为中不断地吸取教训，随着年龄的增长，他各方面的失误会越来越少，和不同的人也能融洽相处。

芊芊是你女儿的好朋友，她却没有选你的女儿当升旗手，她也许是认为你的女儿不够当升旗手的资格，也许是对你女儿早有不满的情绪。但是她对你的女儿撒谎，不敢让你女儿知道，说明她心有畏惧。你不如和女儿好好谈一谈，她在和芊芊做朋友的过程中是否也有错，比如太过强势，或者对芊芊不够真诚。这件事情发生以后，如果她能主动原谅芊芊撒谎的过错，向芊芊伸出友谊之手，也许，芊芊反而会感到内疚，两人之间的友谊也会更加深刻。父母不要因为孩子间常发生争吵和纠纷，就限制孩子与同伴交往，要创造条件，鼓励孩子与人交往，让孩子在冲突和纠纷中获得体验，增长与人交往的经验。

还有的孩子在学校与其他孩子发生矛盾或者因小事吵架，往往因胆小不敢告诉老师，而是回家跟父母哭诉，希望父母能替自己伸张正义，讨回公道。这时候，父母一定要冷静，仔细听孩子述说。不要看见孩子哭就心里不好受，觉得孩子受了天大的委屈，心疼得不得了，马上就要为孩子出头；也不要用成人的斤斤计较，去度量孩子们之间的矛盾，他们之间的矛盾很简单，根本不用家长提心吊胆，更不用家长亲自上阵，非要决出胜负。

如果家长因为自己的孩子与某个孩子闹了不愉快，就横加阻拦，不让孩子与其他孩子交往，那样只会激化矛盾，在孩子幼小的心灵上蒙上阴影，对孩子的成长是十分不利的。我认为，家长

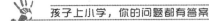

在发现孩子无法独立解决与他人的矛盾时，还是应该帮他一把。这个"帮"更多地体现在了解客观事实的前提下，指导孩子先认识自己的错误，再宽容别人的过失，用合理的方式去解决矛盾。如果孩子之间问题严重，建议家长可以找老师帮助解决问题。

孩子产生厌学情绪，怎么办

　　我的女儿叶叶从小天真活泼、有灵气，无论在幼儿园还是小学都是品学兼优的学生。可自从小学四年级以后，不知为什么，叶叶的成绩开始下降，许多以前成绩比她差的同学都超过了她。看见叶叶回家越来越不开心，我们做家长的也很着急，不停地安慰她，鼓励她继续加油，一定可以提高自己的成绩，但是叶叶不但没有要加油的样子，反倒对学习越来越没有兴趣。以前叶叶一回家就做作业的习惯也变了，总是玩到很晚才做作业，有时甚至完不成作业。有几个早晨，叶叶还哭着对我说："我不想去上学。"我自然不答应，她就说自己肚子疼。最初，我以为她是真的身体不舒服，允许了几次她不上学，帮她给老师请假。可是后来，我发现她根本就是撒谎，是找理由不去上学的。我不明白，一个好好的孩子为什么就会厌学了呢？于是我主动找到叶叶的班主任老师沟通，老师告诉我，因为叶叶学前教育不错，在低年级还算优秀，但进入高年级后，学习上明显后劲不足，知识面也显得不如其他同学宽，在回答老师的问题或与同学一起聊天时，经常答不出来或插不上话。这学期选班干部时又落选了，由以前的学习委员变成了普通同学，孩子心里肯定很不是滋味。

　　了解到这些情况，我才明白孩子厌学的原因，肯定是因为她落选了班干部，内心有很强的失落感，害怕再面对老师和同学，害怕大家看不起她，所以才不愿意去上学。面对这样的情况，我该如何帮助孩子重拾信心呢？

每一个孩子在最初都是热爱学习、热爱探索新鲜事物的，可为什么随着时间的流逝，有的孩子逐渐失去了对学习的兴趣，甚至变得厌恶上学呢？其中总是有各种不同的原因。当孩子对学习产生厌烦情绪时，往往会出现焦虑、懒惰、疲惫、学习效率下降的情况，有的甚至出现逃学等行为。如果家长没有及时观察到孩子这些异常的表现，那孩子将会偏离正常的学习轨道，越走越远。

庆幸的是，叶叶的妈妈很快发现了叶叶的问题，并积极与叶叶的班主任老师进行沟通，了解了孩子厌学的原因。

叶叶原本是一个优秀的孩子，但也是一个敏感的孩子，因为学习成绩下降、落选班干部，她产生了说不清的危机感，感到自己将被人甩在后头，被人瞧不起，因此很苦恼，渐渐地产生了自卑、恐惧心理，害怕到学校上学，怕见到老师和同学，每天上学都十分紧张，不能好好听课，认真学习，以至于成绩一落千丈。

叶叶妈妈要消除叶叶目前的厌学情绪，首先要帮助孩子减轻压力，告诉孩子："无论你在学校是第一名还是最后一名，无论你是班干部还是普通同学，在爸爸妈妈心中，你都是最优秀的孩子。"等孩子的心情稍微放松一些后，再去跟孩子好好沟通，了解她内心的真实想法。同时，不妨告诉孩子你自己的一些失败的经历或目前正在承受的压力，让她明白，其实在现实生活中，每个人都要经历一些挫折，承受或大或小的压力。这样一来，孩子就会明白，原来父母在像她这样大，甚至比她还小的时候，也遇到过类似的情况，她并不是一个特例。她所遇到的，不过是大多数人在成长的过程中都会遇到的情况而已。有了这样的认识，孩子的心里多少就有些释然了。

其次，更主要的是要给叶叶鼓气，让她重拾信心。要给孩子鼓气，家长先要解决自己的一个认识问题，那就是：尽量放低对孩子的期望值，帮助她制订一些切实可行的学习计划，并且让她知道，无论如何，只要她努力了，哪怕每次进步只有一点点，或照旧在原地徘徊，你也会看到她的努力，并相信，只要她继续努力下去，成绩一定会有起色的。表扬与鼓励对于孩子而言真的有着神奇的力量。我始终相信这样一种观点：你希望你的孩子成为一个怎么样的人，她就能成为一个怎么样的人。当然，鼓励孩子的同时，也要正视她的缺点和学习中存在的问题，帮助她分析成绩下降的原因，因为只有找到原因，才好对症下药。

最后，家长常和老师保持联系和沟通也很重要。毕竟，老师和学生在一起的时间非常长，对学生的学习状况要比家长清楚得多。但现在一个班的学生基本上都是几十人，老师不见得能关照到每一位学生。所以，如果你想让自己的孩子得到老师的关注，就必须积极主动地与老师联系。当你不闻不问的时候，老师也许真的讲不出孩子太多的问题来，但当你和老师联系沟通得多了，我相信，老师一定会留意你孩子的表现，并且能非常有针对性地提一些意见和建议。在你请求老师严格要求孩子的同时，也要请求老师对于孩子的进步及时表扬和肯定，因为来自老师的表扬和肯定，尤其是当着全班同学的表扬和肯定，对于孩子来说，无疑是莫大的荣誉和鼓励，其作用不亚于给心力衰竭的人打了一针强心剂。也许，你花了很大的工夫都没能让孩子重新树立起来的信心，老师的一次全班性的表扬就能奏效。

还有一些厌学的孩子，大多是由于对学习缺乏兴趣。所以，家长和老师应采取各种有效方式，让孩子积极、主动地学习。对每一个正常的孩子来说，学习本来就是一种需要，但学习枯燥无味，必然压抑孩子的求知欲望，挫伤孩子的学习积极性。作为家长和老师，我们应努力帮助孩子们创造一个温暖宽松的学习环境，尽量减轻孩子的学习压力，让他们感受到求知的快乐。

孩子把老师气哭了，怎么办

我的儿子洋洋从小就非常有个性，他认定的事情别人很难改变。那天，我去学校接儿子，儿子的同学纷纷上前告诉我同一件事："阿姨，今天上语文课，洋洋把吴老师气哭了。"我仔细一问，才知道事情的经过：原来，上语文课的时候，洋洋的同桌西西碰碰洋洋的胳膊肘，问洋洋问题，但因为西西说话太小声，洋洋没有听见，于是他便转头凑过去问西西说的什么。结果就被吴老师看见了，吴老师便让洋洋站起来回答问题。洋洋因为说话，没有听见吴老师问的问题，因此没有回答出来。这时，吴老师便批评他上课说话，不认真听课。洋洋连忙为自己辩解道："是西西先找我说话的。"吴老师却说："别狡辩了，我看见你先说话的。"洋洋顿时生气了，激动地当着全班指着吴老师说："我先讲话我是猪，我没有先讲话你就是猪。"并且，洋洋还立即拉起同桌西西为他做证，西西只好说实话："是我先问洋洋问题的。"吴老师也许是下不了台，气得当众就哭了起来，那节课也没有再上下去。

虽然吴老师并没有通知家长，但我知道这件事情后立即教育了洋洋，说他对老师不尊重，让他去跟老师道歉，但洋洋硬是不愿意跟老师道歉，还说是老师先冤枉他的，要道歉也是老师先道歉。

唉！作为家长，发生这种事情后，我如何处理才能不得罪老师也不伤害孩子呢？

老师也是平凡人，也会有喜怒哀乐，也会有无法自控的时候。调查得知，相对于中学老师和大学老师而言，小学老师是最容易被气哭的。当然，小学生天真可爱，老师也很容易被感动得热泪盈眶。因此，小学老师在学生面前流泪，一般是压抑不住心中的委屈，或是埋藏不住内心的感动。

很显然，吴老师属于前者，她一定像很多老师那样，认为自己是对学生认真负责，才会指出学生的错误，希望学生能改正。没想到洋洋不但不承认自己的错误，还当着所有同学的面说伤害老师的话。吴老师觉得自己的付出不但没有被肯定，还遭到了学生的误解，内心难免委屈，所以流下了眼泪。

很多小学老师都有被学生或者学生家长气哭的经历，我也不例外。有一次，几个男生在班里打架，我问明了原因，首先严肃地批评了那位先动手的男生，没想到那个男生特别不服气，站在讲台上，对着我大呼："他们不挑衅我，我会打他们吗？为什么你只批评我不批评他们？"我说："我是先批评先动手的人，再教育其他人，我说过，和同学之间发生矛盾，一定不能用武力解决，即使他们对你有言语上的伤害，你也应该理智解决。"我觉得我的说法没有错，谁知道那个男生还是不服气，居然说："你就是偏袒！因为我知道某某同学的妈妈和你是好朋友！"其实，我很清楚，我根本没有任何的偏袒，我努力想向这个男生证明，但他太激动，甚至冲出了教室，我怕他出事，跟着他追了出去。他是六年级的孩子了，长得比我还高，一把推开了我，我摔倒在学校的操场上，胳膊肘被擦伤了，那一刻，我无比委屈，流下了眼泪。

　　事后，孩子的妈妈立即找到我，向我赔礼道歉，说是孩子不对，希望我原谅孩子。其实，我根本没有怪过孩子，只怪自己的教育方式还不够灵活，才会造成这样的结果。我一如既往地对待那个男生，甚至比之前对他更负责，尽管他总是回避我的目光，但我相信我的真诚孩子能感受得到。毕业的那天，很多同学都和我依依不舍地告别，那个男生留在最后，递给我一张卡片，我打开一看，上面写着："饶老师，对不起，你是我最好的老师！"我的眼眶一下子就红了，拍了拍他的肩膀，说不出话来。

　　所以，当家长知道孩子把老师气哭以后，别把事情想象得那么严重。老师只是一时间控制不住自己的情绪流下了眼泪，爱孩子的老师一定会在事后反省自己的问题，不仅不会记恨孩子，还会改变自己的教育方法，让孩子自己认识到他的错误。当然，家长应该第一时间找到老师，代孩子向老师赔礼道歉，老师一定会感到得到了理解和尊重，受伤的情绪也会很快平复下来。至于孩子，如果他认识到自己的错误，愿意向老师道歉，家长应鼓励；如果孩子不愿意，家长也不必勉强。一段时间以后，相信孩子能慢慢理解自己的老师。

　　如果遇到师德品质欠佳的老师，因为被孩子气哭，刻意针对

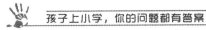

孩子，对孩子百般刁难或者冷眼放任，这时候，家长可以借助学校领导的帮助，跟领导诚实地说明事情的经过，让校领导来协调此事无疑是最好的办法。

警惕"过度保护"阻碍孩子的成长

　　我是一个全职妈妈，丈夫常年在外地工作，家里就是我和儿子两个人生活。朋友说我有恋子情结，我不知道自己算不算有，反正我觉得自己的儿子是天下最可爱的孩子。我从来不觉得儿子已经长大了，在我眼中，他一直是我的"乖宝宝"。儿子上五年级了，学校离家步行需要10分钟，但为了保证孩子的安全，我还是每天坚持接送他。

　　但是这段时间，我发现一向乖巧的儿子突然和我唱起了对台戏！这让我非常生气。

　　先是儿子不准我再去接送他，他要自己一个人上学和回家。接着是他表示过无数次的换发型。儿子从小到大都保持一个发型——额前一排整齐的刘海——这让他看起来特别可爱，我当然不愿意他换掉。谁知道儿子来了个"先斩后奏"，背着我把可爱的发型换成了一个"小平头"。对于儿子和我对抗的各种行为，我感到很担心，赶紧去学校找他的班主任老师交流。老师没说什么，让我去她办公室，给我看了一篇儿子的作文。我当时就懵了，完全没有想到，我的"乖宝宝"在学校居然受到这么大的"屈辱"。

　　那篇作文叫《妈妈，我想对您说》，儿子写道："妈妈，我想对您说，我不喜欢我的发型，男同学都喜欢在我的头上摸来摸去地喊着'胖盖盖，胖盖盖'，我觉得很屈辱；同学的生日宴会没有人愿意请我，理由是我长得呆头呆脑，而且我的'马桶盖'发型有损镜头美感……妈妈，我想对您说，别再叫我'乖宝宝'，我已经长大了……"

孩子的作文让我很困惑，难道我对孩子爱的方式错了吗？

因为孩子的爸爸常年不在家，所以儿子完全成了你的寄托，你总把儿子当小小孩看，却不曾意识到，孩子已经悄悄长大了！你对儿子的过度保护，阻碍了他独立性的发展，因此，他在成长的过程中，显得比同龄人弱小，觉得自己处处比别人差，不能融入同龄人中，从而容易受到同学的排挤或欺负。如果照此下去，孩子以后一旦离开家长，就会变得束手无策，无法自己解决问题。

所幸的是，孩子已经意识到自己的问题，他开始反抗你的过度保护，首先剪掉了伴随他多年的"马桶盖"发型，他是以这样最直接的方式来提醒你，"我已经长大了"。

孩子的老师处理得很好，她借用孩子的作文来告诉你孩子的心里话。孩子的作文搭建了一座桥梁，让你们母子得到沟通，这比旁人的说教起到了更直接的作用，也让你反思了自己的行为。过度的保护看似是对孩子关爱备至，却剥夺了孩子成长的最佳时机，在他们本该学会生活自理、自立的年龄，失去了锻炼成长的机会。

有些全职妈妈对孩子的爱表现得过头，甚至可以说极端。她们希望孩子在感情上完全依赖她们，潜意识里会想完全掌控孩子的心，虽然是以爱的名义，但这种不正常的过度关爱只会对孩子的成长起到反面的作用。爱孩子要有正确的方法与方式，爱太少会疏远关系，爱太多就会溢出来，无形中给孩子增加压力，不利于家庭的和睦，阻挡了孩子人生道路的健康发展。

爱孩子就应该给孩子更多的空间，而不是把孩子紧紧地绑在身边。

孩子在成长的过程中，必须经历一些磨难，不经历风雨怎能见彩虹。"酸甜苦辣都是营养，生活百味都要体验"。我们应当把孩子成长的机会还给孩子，让他们自己面对生活中的衣食住行，敢于承担自己所做决定带来的后果，在失败、吃苦、受挫中，学着长大。当然，孩子的独立能力不是一天两天就能养成的，要循序渐进。因此，父母要适当制造机会让孩子学习，多给孩子适度的探索空间，让他们逐步学会独立地面对生活。

如果担心孩子受到伤害，父母要帮助孩子建立危机意识，学习保护自己的方法，教会孩子在面临危险时该如何应对。

爱孩子的妈妈们，试着放手，给孩子一个自由的空间，用心去爱，用脑去爱，相信你们的孩子会在成长的道路上快乐前行。

孩子身兼多职未必是好事

　　我的儿子上小学五年级了，他是个偏内向的男孩子，成绩优秀，也很善良，总是乐于助人，对别人提出的要求很难拒绝。正因为如此，老师特别喜欢他。从小学一年级开始，老师就把班干部目标锁定在他身上，班长、课代表、卫生委员等职务集于他一身。刚开始，儿子还挺自豪，觉得自己很能干，我们做家长的也十分感谢老师对他的栽培。但儿子念到三年级后，他明显觉得有些累了，以前的自豪感荡然无存，剩下的总是叹息和焦虑。因为班里好多事情全得他来做，每天他都是第一个到校，最后一个离校。在学校更没有休息的时间，要帮老师收发作业、监督不听话的同学，有时，还要帮各科老师批改作业。当老师不在的时候，他还要走上讲台当"小老师"，管理同学。每天他拖着疲惫的身体回家，还要完成自己的学习任务。累不说，有些同学还总是以异样的眼光看他，好像他是老师派在大家身边的"卧底"，同学们都有意和他保持着距离，很少有同学愿意和他交朋友。我看出了儿子的不开心，于是问他："你是不是不想再做班干部了，要不要我给老师说说。"儿子含着眼泪说："妈妈，我想做班干部，但不想做那么多，每个老师都让我做事，我真的觉得很累，如果我不做的话，又怕对不住老师。"听着儿子小小年纪说出这样的话，我也很难受，但我不愿意看儿子这样累下去，我该怎么去和老师沟通呢？

在我们老师中流传着这样一句话："优秀的孩子最累。"一个班级里，各方面都出色的孩子往往只有那么几个。老师们在需要孩子帮忙的时候，首先想到的也是那几个孩子的名字。一个班往往有不同学科的老师，如果每个老师都让同一个孩子做一件事情，那么这个孩子就要做好几件事情。你说，孩子能不累吗？

或许有的家长会问，那为什么不让其他孩子去做呢？很简单，不放心啊！多数小学生都是懵懂的。老师们不是没有试过，有时候让某个孩子去布置家庭作业，他口头答应得好好的，转身就忘得一干二净；有时让某个孩子送资料到大队部，他很可能就送去了后勤处；有时候，让某个孩子帮忙把作业本抱去办公室，他很可能在路上把本子撒一地，哇哇大哭。所以，老师们的心中总有那么几个放心的、合适的"小助手"，而这些小助手往往都是相同的几个孩子。如果各科老师之间缺乏沟通，这些小助手就会被频繁地叫去帮助老师，或者在班里担当各种职位、参与各种活动，以至于要做的事太多，超过了孩子的承受能力。当家长了解到这一情况后，有必要及时向老师提出。

小冰上小学三年级，因为各方面都很出色，不仅是班里的中队长,还兼任语文课代表、音乐课代表和美术课代表。每天在学校，她要领早读、管理课间操，还要收发语文、美术作业本，当音乐课的领唱，等等。每天小冰都累得筋疲力尽，回到家也不想说话。小冰妈看见女儿嘴唇干裂，心疼地问："你在学校没喝水吗？"小冰这才诉苦，下课要管同学有没有扔垃圾，根本没时间喝水、上厕所。

看着女儿日渐消瘦的模样，小冰妈终于忍不住到学校和老师述说作为母亲的担心。小冰妈说："我非常感谢老师们对小冰的重视，但是有时看到小冰边做作业边打瞌睡的样子，听着小冰说话沙哑的声音，我这个做妈妈的真心疼啊！"老师这才意识到给小冰的任务太重了，完全超出了这个三年级孩子的承受能力，老师向小冰妈表达了歉意，并且和其他学科的老师沟通，很快调整了小冰的班干部工作，只给她留下了中队长一职。小冰终于可以卸下沉重的包袱，开心上学啦！

孩子在班里能有个"一官半职"，对家长来说，确实是颇有面子的一件事，遇到熟人可以有意无意地炫耀一番。对孩子来说，能在小学阶段担任班干部，对他的自信心、管理能力、交往能力等都是极大的锻炼。很多家长，虽然嘴里不说，但心里也的确希望孩子能"当官"。

对老师来说，一个好的班级非常需要能干的班干部团队，能干的班干部不仅能减轻老师的负担，还能凝聚班集体、活跃班集体、创新班集体。

　　有些人反对小学生中产生班干部，作为一线老师，我认为就中国目前的教育体制而言，这一点是不可行的。一个班几十个孩子，没有班干部，老师很难开展工作。但为了让更多的孩子得到锻炼，让优秀的孩子不要太累，老师在设定班干部职位时，不能局限在传统的思维里，要根据班里孩子的特点尽可能多设置一些新颖的班干部职位，让多数孩子都能轻松胜任，为班集体服务。职位多、分工细、职责明，班干部自然也负担轻。

　　家长不能因为怕孩子受苦，反对孩子当班干部。当班干部的经验的确能提高孩子的领导能力、组织能力、协作能力等。家长应鼓励孩子主动参加班干部竞选或者直接向老师表明自己愿意做什么班干部，切记不能通过送礼、走后门等形式让老师指定孩子当班干部，这样孩子往往得不到真正的锻炼。

　　班干部是老师的助手，但绝对不是老师的"雇工"，如果老师长期让班干部帮忙批改作业、抄教师笔记，甚至代替老师上课，给孩子的任务远远超越了班干部的工作职责，家长一旦发现，一定要和孩子一起鼓足勇气向老师提出来。如果家长和孩子都保持沉默，老师不会意识到给孩子的负担太重，长此下去，孩子会被太多的任务"压垮"，造成难以预料的后果。

赶在孩子 12 岁前，重塑亲子关系

饶老师，我感觉自己是一个非常失败的家长。

我们是四口之家，我有两个孩子，女儿 11 岁，儿子 7 岁。我和孩子爸都是农村人，没有受过高等教育。从女儿上小学开始我就一直把女儿的成绩看得很重要，在辅导女儿做作业的时候，孩子一不会，我就会控制不住地大呼小叫，严重的时候会说女儿笨，甚至动手打她，吓得孩子不敢吱声！为了避免对女儿大呼小叫，我给她报了各种补习班，心想别人去教总比我教要强吧，最起码我自己不会生气了。

但我还是高估了自己，报完补习班后，只要女儿拿回家的成绩不很理想，我就更窝火，觉得女儿浪费了钱还没效果，对她大声责骂，因此，女儿每次考试回来都是战战兢兢的，吓得躲到屋里，不敢说话。其实细想起来，女儿也没有那么差劲，现在上小学五年级了，语文、英语都不错，只是对数学不怎么感兴趣，所以数学成绩一直都不算理想，也是因为数学成绩我一直骂她。在读完您的书后，我发现作为妈妈，我太失败了，这么多年我居然对女儿一句鼓励、欣赏的话都没有。现在女儿有了独立的人格，开始叛逆：在她心情不好的时候也会对着我大呼小叫，要不就是把门反锁，在自己的房间大哭大闹；有时因为和弟弟争抢东西，如果我说让给弟弟的话，她就会说"你们心里只有弟弟"，然后大哭。我以前总是认为孩子还小，等她长大一点就会改变，现在我发现问题很严重了，饶老师，我想得到您的帮助，如何修复我和女儿的关系，让她不再这么叛逆！尤其看了您的《别让孩子伤在小学》，每每看到书中讲的那些案例，我就会流泪、自责、愧疚，觉得更对不起女儿。女儿11岁了，这个问题还可以补救吗？在给您写这封信的时候我一直都在流泪，希望得到您的指点！谢谢您的书点醒了我！

我曾经给家长们做过一个演讲，演讲的主题是"美好的亲子关系胜过一切教育"。演讲中有提道：做父母的，只要真正放下内心的焦虑，试着轻松对待生活，在孩子12岁前，和孩子建立美好的亲子关系，你就会发现，对孩子的教育其实没有那么多"烦恼"需要别人帮助解决。为什么强调12岁？因为12岁是一个人从童年迈向青春期的临界点。所有青春期的问题都在12岁前埋下了伏笔。你一定要意识到这世上没有"完美"的父母，所以不用要求自己的孩子"完美"，对自己、对孩子、对配偶合理的期许是："够好"就好。

看了你的来信，我非常遗憾，作为妈妈，你深深爱着自己的女儿，但是因为一些方法不当，你和女儿之间产生了隔阂。同时，我又非常庆幸，因为你在此时意识到了自己的教育问题，还不算晚。现在你的女儿11岁，你还有时间修复你和女儿的亲子关系。

和孩子建立良好的亲子关系，不仅能够帮助孩子平稳度过青春期，还能让孩子在今后的人生道路上更幸福。

很多家长肯定会说，管孩子怎么可能没有情绪？说着容易做着难。我也是一位妈妈，刚开始做妈妈的时候，也总是缺少耐心，也曾狠狠骂过女儿，最严重的一次，和 4 岁的她打架，最后两败俱伤，我俩分别躲在房间哭。

做妈妈的过程中，我也在不断地自我修正、自我成长，慢慢地懂得了该如何去做一个妈妈。

有一段时间，我真的很不喜欢女儿的拖延症，只要她在看电视或者玩电脑，就一定是停不下来的节奏。

"快去洗澡！"

"快去做作业！"

"快去收拾书包！"

……

家里人对她的催促似乎都被她的耳朵自动过滤掉了，她还是纹丝不动。愤怒的我曾经关过电视，没收过她的平板电脑，但这除了让我们彼此伤害，并没有让她的拖延症改变。为了对抗我，她甚至躺在那里一动不动，就是不去做我认为她该做的事。

偶然一次，我找到了一种方式，和她达成了愉快的协议。

"朵朵，再看 10 分钟电视就去洗澡吧！"我温和地说。

"不行，20 分钟。"她摇摇头。

"12 分钟。"我后退一步。

"15 分钟。"她也后退了一步。

"成交！"我抓住机会和她击掌敲定！

　　她甜甜地笑了，抱住我的胳膊，亲密地靠着我。她是个很有原则的小孩，每次"成交"后，她总是会准时去做自己该做的事。再不需要我对她大呼小叫。

　　我突然发现，原来和孩子较真真的很愚蠢，学会转弯，果然是人生的大智慧，在这不经意的转弯中，我不再是那个蛮横无理的妈妈，她也不再是那个固执倔强的小孩，我们都卸下了身上的芒刺，变得温润而平和。

　　我用 10 年的时间记录下和女儿相处的点点滴滴，收录在我的《快乐就是和孩子享受生活里的小幸福》一书中。我想和爸爸妈妈们分享的是：真正的陪伴是落实在吃饭、穿衣、睡觉、聊天等每一个平常的瞬间、每一件温馨的小事中的。你和孩子都是独立的个体，有时你迁就他，有时他融入你。在这样的陪伴中，你和孩子互相了解，彼此成长。

　　想做好父母，首先，要学会及时察觉并处理自己的负面情绪。无论孩子出现了什么问题，你处在焦虑和愤怒的情绪中，都很难帮他解决。相反，抱着轻松豁达的态度，反而能有效地解决问题。

其次，解决孩子的问题时，始终要抱有同理心。同理心是一个心理学概念，简单地讲就是站在对方立场思考的一种方式。具体来讲就是在沟通时把自己当成沟通对象，站在对方角度看待问题。因为已经换位思考，所以也就很容易理解和接纳对方。

针对你的具体情况，我建议你可以从以下几个方面改善和女儿的关系，得到女儿的信任。

（1）学会控制自己的情绪，切忌发火。没有一个孩子喜欢凶巴巴的父母，无论孩子出现什么问题，都应该以温和理智的态度和孩子沟通，找到解决的方式，否则，孩子只会从内心排斥你。

（2）懂得尊重孩子，凡事和孩子商量。再小的孩子都有自己的思维，多听听孩子的意见，包括兴趣班的选择，等等，让孩子自己做主。

（3）懂得欣赏孩子。你的女儿已经很优秀了，只是数学弱一些而已，让孩子知道她在你的心中是非常出色的，至于数学成绩，只要你相信她，给她足够的信心，加上和老师的有效配合，孩子的成绩一定可以提高！

（4）公平对待两个孩子，千万别厚此薄彼。对于女儿和儿子一定要做到公平对待，而且不要有"大的必须让着小的"这种传统观念，这对大的孩子是一种无形的伤害，对小的孩子也是一种不良影响。正确的处理方式是，永远以爱来教育孩子，以对错来判断是非，这样才能让两个孩子更加团结互助，也更懂得爱对方。

　　良好的亲子关系胜过一切教育！当两人之间保持信任、互助、依赖的关系时，你说什么对方才会听得进去；而如果两人之间敌对、漠视，甚至仇恨，那么即使你说的是真知灼见，也会被对方认为是废话连篇。

　　相信你能和女儿重塑美好的亲子关系，就从现在开始吧！

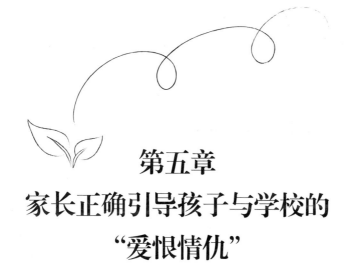

第五章

家长正确引导孩子与学校的
"爱恨情仇"

孩子把老师的话当"圣旨"，对不对

我的女儿在上小学之前，一直由爷爷奶奶带，养成了一些不太好的习惯，比如爱赖床、浪费粮食之类的，可自从上小学后，一天天改变了很多，"老师说"也成了她的口头禅。"老师说，要早睡早起"，所以她就每天按时起床；"老师说，要讲究卫生"，所以她主动刷牙、饭前便后洗手；"老师说，要爱惜粮食"，她就每顿吃得一粒米不剩……本来看到她慢慢改了很多坏习惯，我和她爸爸还挺开心的，觉得她能听老师话也挺好。可是到了后来，只要是老师说过的参考资料，她都要买，老师推荐的兴趣班不管喜不喜欢，她也都要报；平时我们教育她的时候，她还总是拿老师的话来反驳，让我们很为难。我很担心，孩子把老师的话当成了"圣旨"，这样下去，她会不会没有了自己的想法和判断力？

很多家长都有这样的体会，孩子上学以后，老师怎么说，孩子就怎么做，家长也不得不照办，老师的话堪比"圣旨"。

其实这和学校环境有极大关系。在学校环境里，老师有着绝对的权威性，可以对孩子表扬或批评。一个班几十个孩子，没有父母"撑腰"，唯一面对的大人就是老师，老师自然成了权威的代表，老师的话也自然变成了所谓的"圣旨"。

孩子把老师的话当成"圣旨"有利有弊。好的地方是，孩子能养成良好的学习习惯，按时完成学习任务，有时在老师的帮助下，孩子还能改正一些坏习惯。比如，有的家长发现孩子有某方面的问题，会及时跟老师沟通，老师找到孩子，指出孩子的问题并要求孩子改正，这比家长的说教效果好很多。但如果老师说什么话孩子都盲目听从，慢慢地孩子就会失去分析事物的能力，变得不愿意思考，不愿意创新。

作为家长，我也有切身体会。有个周五，女儿回家告诉我，老师要求写一篇观察日记，观察黄豆发芽的过程。我说好啊，你赶紧按照老师说的去泡黄豆吧！女儿按照老师的要求，在塑料杯里泡好黄豆以后，每隔一段时间就去观察它的变化，但是说实话，黄豆没有太大的变化，到了周日，黄豆也只是变成了浅黄色，因为喝饱水，体型变大了而已。这时候女儿急了，说："老师说过了黄豆会发芽的！可是它没发芽，我怎么写啊？"

"这样泡两天就一定会发芽？不可能吧！"我说。

"这是老师说的！"女儿不依不饶。

看到女儿如此激动，我只好说："老师说的也许是特例，并不是所有黄豆都能在这么短的时间里发芽，没有发芽也可以写观察日记啊，比如你看，黄豆种子本来的颜色是深黄色的，但过了这两天，种子的外表有些淡了，而且感觉有些透明，种子显得特别饱满，种皮也有点裂开。这些都可以写啊！"

女儿按照我的引导写好了这则观察日记，可是她始终念念不忘老师的话，一直念叨："老师说过黄豆会发芽，我没写发芽，老师会不会……"

我不断安慰她："不会的，很多事情都不是绝对的，肯定有很多小朋友泡的黄豆也没有发芽，你不用担心。如果你非要把没发芽的黄豆写成发芽了，老师知道的话，会认为你是在撒谎。如果老师因为你没写出黄豆发芽而批评你，妈妈会替你向老师解释。"听了我这么说，女儿总算放下心来。

家庭教育应与学校教育一致，形成一种合力，在对孩子有利的情况下，家长应该支持孩子听老师的话。孩子能按照老师的话去做，毕竟体现了孩子要求进步、积极向上的一面，如果老师的话都被孩子当成耳边风，无疑说明了孩子把一切都当成了无所谓的事。但是因为老师的能力、水平各有差异，当孩子盲目听从老师的话时，家长也不必埋怨老师，应耐心向孩子讲明道理，并舒缓孩子的情绪，必要时，家长也可以当着孩子的面给老师打电话沟通协调。

当孩子说"老师说"时，家长更多的应该是听和问，而不是直接否定孩子："老师说的就一定是对的吗？"如果老师推荐的参考资料孩子必须买，家长可以问："妈妈愿意给你买，可是你愿意都做吗？如果你买来只是为了应付老师，老师会更不开心的。"如果老师推荐的兴趣班孩子都要报，那家长可以说："行啊。不过，你要想好，以后你几乎没有玩耍的时间，你做好准备了吗？或者我们有更好的方式来处理此事呢？"这样说，家长是以一种接受的心态来处理的，并能很好地引导孩子进行自我思考。

在此提醒家长的是，"老师说"有时候可能是孩子假传"圣旨"，老师根本没说。孩子认为只要抬出老师来，自己的要求家长都会同意。这个时候，家长就要仔细分辨孩子说的话，如果发现孩子的话值得怀疑，家长可以说："老师真的是这样说的啊，那妈妈打个电话问问老师详细情况。"孩子见状，下次也就不会再假传"圣旨"了。

当然，孩子的假传"圣旨"与刻意撒谎有着本质的区别，这个年龄的孩子假传"圣旨"多数原因是想达成自己的某种心愿或者赢得家长的表扬，并没有坏心思。遇到这样的情况，父母一定不要急着给孩子扣上撒谎的帽子，与其跟孩子较劲，非要说孩子撒谎，最终把孩子给逼哭，不如心平气和地告诉孩子："老师没有说过这样的话，宝贝，也许是你听错了，下次一定要听清楚老师的话哟！"

孩子不上兴趣班会输在起跑线上吗

在儿子多多上小学之前，我一直反对让孩子上兴趣班，因为我觉得孩子的天性是“玩”，我希望多多的童年能玩得好，留下美好的回忆。但是当多多进入小学之后，班里的同学都有这样那样的特长：钢琴、跆拳道、美术、舞蹈、演讲、声乐……而我家多多什么也不会！家长座谈会上，班主任老师也说希望孩子们全面发展，最好每个孩子都能有一两项特长。我一下子感到了前所未有的恐慌。

每当家长们聚在一起讨论关于孩子兴趣的话题时，我总是插不上嘴，觉得自己像个异类家长。于是，我赶紧询问多多喜欢学习什么，多多一下子选了两个：跆拳道和美术。

很快，我也加入了周末送孩子去兴趣班的家长队伍中。我就像吃了一颗定心丸，一下子轻松了许多。但是好景不长，我又有了新的烦恼。多多去练了几次跆拳道，就嚷着不去了，说是太累，而且教练很凶。美术班他也是勉强念完第一期，第二期说什么也不去了。看到多多这么没有长性，我就批评他半途而废，以后会一事无成。但是孩子不但没有反省，还顶撞我：“我就是不想去了，你为什么非要逼我？你喜欢学特长你自己去学好了，你是你，我是我！”

　　孩子的爸爸叫我别再逼孩子，多多的兴趣班生涯也暂时结束了，但是我心中一直很忐忑，别的孩子都在学，我的孩子不学，总担心孩子会输在起跑线上。

　　家长不必为孩子上不上兴趣班的事情焦虑。兴趣，不是与生俱来的，是在孩子成长的过程中慢慢形成的，孩子也需要不断地尝试和摸索才能找到自己真正的兴趣。家长应尊重孩子"喜新厌旧"、不能持之以恒的心理，不要将自身的焦虑转嫁给孩子，不对孩子寄予过高的期望，哪怕孩子半途而废，也不要责骂打击孩子，让孩子大胆地接受不同兴趣的刺激，他才能在众多兴趣中发现自己真正喜欢的是什么。

　　让孩子上兴趣班的意义，在于帮助孩子发现自己的兴趣、培养兴趣，只有让兴趣班还原它本身的意义，孩子才会有所收获。如果一个孩子在上了很多兴趣班以后都不感兴趣，就不必再勉强，世上的兴趣千千万万：天文地理、琴棋书画、花鸟虫鱼、衣食住行、吃喝玩乐……不是小小的兴趣班能包含的。而且，兴趣是贯穿一生的，不在于年龄的大小，只要孩子有一双善于发现新事物的眼睛，有对生活无尽的热情，随时随地都能发现自己的兴趣。鲁迅38岁才开始写作，凡·高27岁才开始画画，但他们都在自己的领域取得了辉煌的成绩。还有一些达人，玩手指、练腹语、搞行为艺术……各有各的精彩。

　　不过，若家长让孩子上兴趣班的意义带有某种功利色彩——

孩子本身没有兴趣，但家长为了让孩子升学时加分或者是为了念艺术学校而学之——家长可以明确告诉孩子你的目的，如果孩子愿意那未尝不可，如果孩子不愿意切不可勉强。我曾经教过一个女生，因为高二的时候文化知识课成绩不是很理想，有老师就建议她去学画画，以后考艺术专业，文化课分数要求低。孩子虽然十分不喜欢画画，但还是在父母的软硬兼施下去学习，经过两年的辛苦，女孩总算考上了美术学院，可是，因短时间的强化训练，孩子对画画已经到了深恶痛绝的地步，最后，也未能顺利毕业。

联合国《儿童权利公约》中规定："儿童有权享有休息和闲暇，从事与儿童年龄相宜的游戏和娱乐活动，以及自由参加文化生活和艺术生活。"但很多的孩子却没有自己的空间，过早地被戴上了沉重的希望和功利的学习枷锁，致使他们的创新意识和想象能力减退。作为老师，我也会经常观察班里的孩子，有些从没上过兴趣班的孩子在思维方式上和那些被很多兴趣班束缚的孩子是不同的，相比较之下，前者的想象力和创新意识都更加丰富。

孩子进入小学以后，每天都会有一定的学习任务，参加过多的兴趣班只会加重孩子的学习负担，让孩子没有玩耍的时间。建议家长和孩子商量，只选择一个孩子最喜欢的兴趣班来学习。家长不要带着攀比的心理盲目跟风，强迫孩子上自己不感兴趣的兴趣班，这样做不仅浪费了大量的金钱和精力，还破坏了美好的亲子感情。

在给孩子报名之前，家长应考虑到：兴趣班学生的普遍年龄是否和孩子相仿，兴趣班的办学资质是否如你所愿，当然，最重要的是，兴趣班的老师是不是真的像宣传的那么好。好的老师是孩子的引路人，能将孩子引入兴趣之门。但是现在兴趣班的师资队伍中也隐藏着一些为了混口饭吃并不具备相关能力的人，所以家长不要怕麻烦，应该多试听、多考察、多辨别。

一般来说，正规的培训学校都欢迎家长随时试听，有能力的老师也不会把家长拒之门外。

若孩子什么兴趣班都不想上，也无关紧要。父母不如趁双休日，带着孩子去逛逛公园，参观博物馆、科技馆；或者和孩子一起去游乐园痛快地玩一玩，不仅增长孩子的见识，还增进孩子与父母的感情，何乐而不为呢？

孩子被老师冤枉了，怎么办

今天，儿子回家时情绪很低落，伸手跟我要钱，说班主任老师让他赔打碎的窗户玻璃。"你怎么这么调皮，把玻璃打碎啦？"我话刚一出口，儿子"哇"地大哭道："不是我弄碎的。当时我离那儿最近，老师看见了就说是我打碎的。后来同学告诉我是小林弄碎的，可他是班长，没人敢跟老师说。"听完儿子的哭诉，看着儿子一脸的委屈，我想老师的确冤枉了他。于是，我和儿子的爸爸商量该怎么处理这件事情。儿子的爸爸说，本来我家儿子就很调皮，经常在班里闯祸，如果为了这件事情去和老师理论，怕得罪老师，一块玻璃也值不了多少钱，赔了就是了。但是，我心里还是有些不舒坦，倒不是说赔钱的问题，而是怕这件事情给孩子心灵上留下阴影。我想去和老师沟通一下，希望老师再调查一下事情的真相。我该怎么对老师说呢？

老师也是普通人，在教育孩子的过程中，难免会出现错误。老师会错怪孩子一般有几种原因：有的老师对问题没有调查清楚，草率定论；有的老师对某些学生持有偏见，导致主观性错误；还有时，还有的老师因为心情不佳，情绪波动过大，处理问题欠思考。

当家长发现老师有可能冤枉孩子时，切记不能采取两种极端的处理方式。一种是怕得罪老师，卑微隐忍。这样，会给孩子带来很大的伤害。孩子会变得不再相信父母或者记恨老师，更严重的，会扭曲孩子的心灵。另一种是因为太爱孩子，家长控制不了自己的情绪，当着孩子的面立即打电话给老师，气势汹汹地质问老师为何冤枉孩子。这种态度也会引起老师的不满，让双方的沟通陷入尴尬。最后，同样会伤害到孩子。

那么，当老师真的冤枉了孩子，家长该怎么做呢？

小童是个男孩子，平时比较好动，学习成绩也不太好，是老师眼里的问题学生，因此小童爸爸经常被老师"传唤"到学校。

有一次，小童爸爸又被老师叫到学校。老师反映说："你儿子上课打闹，把同桌的文具盒扔了，我批评了他，他不服气，当场顶撞我，我叫他到办公室，他还死不认错，态度很不好。"小童爸爸赶紧给老师赔不是说："这孩子真不懂事，让您费心了，我回去一定好好教育他。"

回家后，小童爸爸向孩子了解情况，小童委屈地说："今天上课，我的同桌和后边的同学打闹，我本来是劝架，刚好老师进来时，我拽着同桌让他坐好，没想到一用力，碰掉了同桌的文具盒。老师不问原因就批评我，我当场和老师辩解，可老师就是不听。"

小童爸爸说："噢，我相信你说的，这样说来，你是够委屈的，换了谁也会很恼火。心里有委屈就得说出来，说出来就舒服了，赶紧去吃根冰棍，降降火吧！"听爸爸这么一说，小童心里憋着

　　家长认真听完孩子的诉说之后，可以先分析一下孩子的话是否真实可信，但不要急着下结论，而要及时给孩子心理安慰，表达自己的态度和想法，比如说"我知道了，在这个问题上，你的确没做错什么""这件事，我相信你是无辜的""你能告诉我你的委屈，说明你信任我，我很开心"，说完，还可以给孩子一个温暖的拥抱或者给他一点甜品，让孩子委屈的情绪得到缓解。

　　接下来，家长应该到学校去了解孩子所说的是否是事实。如果证实孩子的话是真的，那么就需要家长亲自找到老师沟通。在交流的时候，家长一定要用心平气和的心态、宽容体谅的心情、换位思考的思维，向老师叙述整件事情的来龙去脉，千万不要表现出过激行为，尤其是在表情或者语气上。必要时，请求老师调查事情的真相。一般来说，当老师明白自己的错误后，都会向孩子和家长道歉。这时，家长要表现出豁达的态度，同时，也要引导孩子原谅老师、理解老师。这种做法不仅能让老师对孩子的看法有所转变，也有利于增进师生情感，让孩子健康成长。

孩子的东西被同学损坏怎么处理

我女儿的同桌小罗是个很顽皮的男生，听女儿回家讲，他经常有意无意损坏他人的东西，如铅笔、本子、彩笔等。由于这些东西本身不值多少钱，对方一般也不要求赔偿。老师也会批评小罗，但他还是改不掉自己的坏毛病。有一天，女儿回家伤心地告诉我，小罗把她的新文具盒摔坏了。这个新文具盒是女儿的姑姑刚送给她的，女儿非常喜欢，但现在被小罗弄坏了，她心里自然十分难受。我问："老师知道这件事吗？"女儿摇摇头说："老师不知道，我不敢告诉老师，因为是上课发生的事情，老师说过上课一律不解决任何矛盾。""那就算了吧，妈妈再给你买一个就是。"我安慰女儿。后来我给女儿买了一个新的文具盒，但是这个新的文具盒很快又被小罗弄坏了。这一次，我真的生气了，决定去学校找老师，女儿却哭闹着阻止我，说："老师说过，家长不要为一些小事找老师的麻烦！"

我犹豫了，我不知道孩子的东西三番五次地被同学损坏，这算不算小事？该不该找老师呢？

只要孩子上学，总会和同学发生一些矛盾，其中就包括损坏别人的东西或东西被别人损坏。当家长发现孩子的学习用品等被同学弄坏了，先要了解对方是不是故意的，如果对方是无意的，应该引导孩子原谅，也不必告诉老师和对方家长，免得兴师动众，让孩子背上思想包袱；如果对方是故意的，这时候，家长应该引导孩子从两个途径来解决问题。第一是让孩子主动和对方协商，要求对方赔偿，目的是要让对方牢记：对待同学的东西要跟自己的东西一样爱惜。如果第一个途径没有解决问题，那么可以尝试第二个途径——让孩子告诉老师，请求老师的帮助和协调。家长尽量不要直接参与此类事件。

　　我的女儿也遇到过这样的事情。有一年暑假，我们全家去新加坡旅游，女儿买了一块特别喜欢的手表。开学后，她戴着手表去学校，没想到班里一个很调皮的男生把手表摔坏了，整个表芯都不见了。女儿拿着空空的表带回家告诉了我这件事情。我当然表示很遗憾，同时告诉她："你自己的东西就应该爱护好，如果你一直戴在手上不取下来放桌上，那个同学也没有机会摔坏你的手表。"

　　我本以为这件事情就这样结束了，女儿的手表被摔坏了确实让她难过，但从另一个角度来说，也让她明白了自己喜欢的东西就应该好好珍惜。

　　但是第二天，女儿拿着一个流沙玩具高高兴兴地回家了。我问她："哪儿来的呀？"她说："那个男生赔我的，他说他不可能去新加坡买一模一样的手表，所以就赔了我这个玩具。"

其实就价格来说，我当然知道，这个流沙玩具远远比不上那块手表，但是我很为女儿高兴，正因为这份"赔偿"，让她不再为手表被弄坏的事情耿耿于怀了。

在赔偿问题上，价格倒还真是其次的，重要的是规则。无论是孩子损坏了别人的东西，还是别人损坏了孩子的东西，家长都应引导孩子先反思自己的责任，然后把解决问题的权利交给孩子。当然，为了避免这类问题的发生，一些贵重的东西，最好不要让孩子带到学校里去。

如果你的孩子很爱损坏别人的东西，那么你应该在生活中有意地教给孩子正确使用物品的方法，比如让孩子知道哪些东西是容易损坏的，应该在使用中注意什么，如轻拿轻放、不能摔等，培养孩子耐心细致的习惯。当然，若孩子是因好奇心而损坏他人物品的，家长应注意积极引导孩子的探索行为，除了给孩子买一些可以拆装的益智玩具以外，还可以带孩子参观科技馆、博物馆等，让孩子明白问题的答案，满足孩子的探索心理。

教育家陶行知的一个朋友告诉他："我的儿子把我珍贵的金表拆了，被我痛打了一顿。"陶行知说："也许你打落了'中国爱迪生'。"所以，家长切忌在孩子损坏东西后大发雷霆。先要观察孩子为什么损坏东西。因为孩子在损坏东西后总是很害怕的，家长的严词厉语容易造成孩子产生逃避过失或逆反心理，甚至抹杀孩子对新事物的好奇心。

孩子同学多次偷东西，是否应向老师反映

女儿已经好几次向我抱怨，说班里一名姓张的女同学偷她的东西，比如钢笔、橡皮擦、贴纸等，有时还会偷女儿带去学校的课外书。我怕女儿冤枉同学，于是问她："你怎么知道是张同学偷的？"女儿说："之前，是别的同学告诉我她偷了我的东西，后来我悄悄观察，发现她文具盒里真的有我丢过的一模一样的钢笔和贴纸。""一样的东西很多，就凭这一点也不能证明她是小偷啊！"我提出质疑。可女儿坚定地说："妈妈，你相信我，她一定是小偷，因为我在我的贴纸上做过记号，她文具盒里的那袋贴纸上的记号和我做的一模一样。""那你们怎么不告诉老师呢？"我不解。女儿说："老师说过，没有亲眼看到同学偷东西都不能妄下结论，怕冤枉同学。所以，我们也在等机会亲手抓到她。"

看到女儿眼中燃烧着怒火，不知道为什么，我很替那位张同学担心。毕竟，我也是一位母亲，假如有一天，张同学真的被同学们当场抓住，那她一定会受到大家的谴责，甚至辱骂。这对小女孩来说，无疑是一种心灵的伤害。小孩子都会犯错误，如果我们能悄悄地帮她改正，不让她在大庭广众之下蒙羞，不是更好吗？所以，我想跟孩子的班主任老师反映一下这个情况，请老师帮忙处理，但不知道，老师会不会嫌我多事？毕竟又不是我的孩子。

你真是一位好家长！不仅关注自己的孩子，还顾虑其他的孩子，能做到"幼吾幼以及人之幼"，这是一份难得的胸怀。

班里难免会遇到学生东西失窃的事情。正如你说的，孩子毕竟是孩子，总会犯错误。当老师们在处理这类事情的时候，也格外小心，生怕冤枉了孩子，给孩子和孩子的家长带去伤害。所以，我完全理解你家孩子的班主任老师所说的那句话，"没有亲眼看到同学偷东西都不能妄下结论"，相信有不少老师都是遇到过类似的事件才总结出这样的经验。

小学生有一个鲜明的特点，就是盲目跟从。有时候，某位同学的一句传言，被几个同学一传，全班同学就都相信了。我也曾遇到过这样的事情。

有一次，班里几个孩子急匆匆地跑来办公室告诉我："饶老师，小亮偷了佳佳的50元钱。"我连忙赶到教室里，只见佳佳在伤心地哭，她说那50元钱是早晨妈妈给她下午去书店买教辅资料的，她一直放在文具盒里，谁知道上完体育课回来就不见了。小亮是佳佳的同桌，此时也红着脸坐在座位上急忙为自己辩解道："不是我，不是我。"

"就是他，就是他！"一群孩子都指着小亮，小亮也急哭了，气得呼呼喘气。

"好了！"我制止了孩子们的吵闹，问其中一个女生："你怎么肯定是小亮？"女孩说："是蒙蒙说的，她说小亮是佳佳的同桌，知道佳佳文具盒里有钱，一定是小亮。"我又问蒙蒙："你是看见小亮拿的佳佳的钱吗？"蒙蒙摇摇头说："没有，但不是他会是谁呢？"

"大家听见了，蒙蒙只是猜想，请同学们不要凭一个同学的猜想妄下结论，这件事情老师会再调查，大家不要再谣传了。"听我这样说后，孩子们才散开了。

后来这件事情的结果出乎意料，佳佳那天早晨根本就忘了把50元钱放进文具盒，是她自己记错了，那50元钱还在家里的书桌上。第二天，佳佳就诚实地告诉了我，并且向我道歉。我也在全班公布了这件事，那些冤枉小亮的孩子都向小亮道歉了。我趁机教育学生，在教室里，东西不见了，先找找看；若其他同学有相同的东西，先问清楚；如果确认是你的东西，先了解事情始末；若自己无法判断，不要轻信他人的话，可以求助于老师。

因此，你完全可以鼓励你的女儿将对张同学的怀疑告诉老师，在告诉老师的时候，只需说出自己怀疑的理由，不必肯定是张同学所为。由老师处理这类事情，对于厘清事实和事后指导张同学都有实质上的帮助。如果你的女儿不愿意对老师说，你也可以直接向老师反映这个问题。同样，在反映的过程中，只要陈述事情的经过即可，不要给予太多自我的评价和解决的办法，应该把处理事情的方式方法交由老师决定。这样做，既能维护当事孩子的自尊心，也能让老师对你的行为大为肯定，认为你是一位好家长。

至于事情的结果，你不必再追问，任何一件事情的发生都有背后的因素，家长既然反映了问题，就可以放心把问题交给老师，相信老师会有公正的处理。

同时，在这件事情上，你还可以和自己的女儿好好聊一聊，告诉她，每一个同学犯这样的错误总会有一些原因，也许是她出于好奇，也许是她物质匮乏，也许是她一时冲动，也许是她还没意识到"不是自己的东西不能随意拿走"……但只要通过老师或家长的帮助，就可以纠正她的不良行为。作为同学，女儿也应该对她抱有宽容的态度，相信她可以改正。如果采用极端的做法，让她当众抬不起头，不仅不能让她很好地纠正自己的行为，还会影响她的一生。

孩子总是被同学欺负怎么办

　　我的孩子比较胆小，平时很听老师和家长的话。不知是不是因为这样，他在学校经常被人欺负，我问他为什么被人欺负，有没有先惹别人，他摇摇头。"那么你告诉班主任老师了吗？"他也摇摇头，还说和老师说了也没用，因为老师总是说："别人打你，你就忍一下，不要还手，心胸宽阔一点。"所以那些欺负人的同学长期欺负人，老师也管不了。

　　学校是个小社会，孩子幼小的心灵该如何应对这些复杂的人和事？我该怎么教育他如何和同学们相处呢？我也不知道他说的问题是不是有夸张的成分，而实际上，他在学校里没有这么糟糕呢？毕竟我也没有看到孩子在学校的表现，老师们都说我的孩子很乖、很棒，从来没提过他被欺负的事。真相究竟是什么呢？我很想知道。孩子有时还对我说，他在班上没有好朋友，连女同学也随便欺负他，他想转学，看起来很伤心。我要不要和孩子的班主任老师谈谈呢？或者找找那些欺负我孩子的同学家长，但这样做会不会显得小题大做呢？

　　在一个班级里，有两类学生最容易被人欺负。一类是经常被老师批评的学生，另一类是性格软弱、逆来顺受、从来不反抗的学生。如果你的孩子是第一类学生，只要他努力上进，把老师的批评变为表扬，那么欺负他的同学就会越来越少；如果你的孩子是第二类学生，要让他明白善良不等于软弱，他可以大度地原谅别人偶尔的玩笑，但一定要有一个底线，如果他人的玩笑升级成了欺负，触及了他的底线，他一定要给予适当的还击。

从你来信的描述中可以看出，你的孩子属于第二类学生，内向胆小，听话顺从，遇到别人欺负只是默默忍受，他曾经告诉老师，但发现没什么用，便不再尝试。实际上，老师在学校会遇到很多孩子的问题，如果孩子只是偶尔一次告状，老师一般不会太过重视，毕竟在同学之间的纠纷太多了，只要不是有明显的伤痕，老师一般都会淡化处理。如果孩子多次向老师倾诉自己的苦恼，老师就会意识到事情不是那么简单，会立即教育相关同学，避免事态严重发展。所以，你应该鼓励孩子：如果你觉得不能忍受了，要么给予适当的还击，要么不断向老师投诉，总会引起老师的重视的。

作为家长，你当然应该及时和班主任老师认真谈谈，了解孩子在学校的真实状况，正如你所说，孩子的描述中是不是也有夸张的成分？也可以请老师找到班里的几个同学，多方询问一下孩子在班级里的情况。但目前阶段，不建议找欺负孩子的同学的家长。相信老师在了解孩子的真实情况和你的诉求后，一定会有办法处理这样的情况。

如果孩子长期被同学欺负，有三点可以告诉孩子。

（1）不想被别人欺负，首先自己要变得强大。这里的"强大"包含很多方面：比如身体强壮有力、成绩名列前茅、是老师得力的小助手或者是有威信的小干部等。你只要努力做到其中一点，在班里基本没人会欺负你。

（2）分清同学是开玩笑还是恶意的捉弄。有时候，同学之间喜欢开些玩笑是正常的，试着轻松对待，一笑置之。如果玩笑过分，让你受到了伤害，这时候，你首先要严肃表明："我不喜欢开这样的玩笑。"如果同学仍然继续，你可以警告他如果再这样就对他不客气了。必要时，可以给予适当的还击，但应注意还击要有分寸，不要伤害他人的重要部位。

（3）在长期遭受同学欺负而自己又无力解决的情况下，应及时并多次寻求老师的帮助，如果找老师无效，应及时告诉父母，请求父母协助。

孩子转学如何适应新环境

　　我的女儿宁宁今年读小学四年级，由于我和她爸爸事业发展的需要，我们全家从北方搬到南方居住，宁宁也要转到南方的学校读书。我和宁宁提起转学之事，她非常抗拒，嚷着不要转学，不想离开现在的老师和同学。宁宁的学习成绩一直很优异，她在班里也一直担任班长，获得了很多的荣誉，自信心非常强。坦白说，我也非常担心她到一座新的城市、一个新的班级，老师不会立即发现她的优点，她肯定会有心理上的落差。为此，我十分苦恼。如果孩子不愿意转学，难道我们要牺牲自己的事业？或者为了我们的事业，硬逼着孩子转学？万一她以后不适应新的学校，我们会不会后悔呢？

　　现代社会中，为工作而举家迁移的例子屡见不鲜，迁移对一个家庭而言，不仅意味着居住环境的改变，还意味着在生活上、心理上必须重新做一番调适。这种调适对成年人来说可能会需要较长的一段时间，但对孩子来说，多数孩子能很快适应新环境，所以家长大可不必太担心。即便有的孩子适应力较弱，但只要父母用乐观的精神感染孩子，多和孩子沟通，多关心孩子，孩子一定会很快融入新环境。

这件事我有亲身的体会。今年，因为我和先生工作上的变动，我的女儿朵朵要从四川转到北京上学。起初，我也有这样那样的担心，担心她学习跟不上，担心她和同学不能很好地交流，担心她在新环境感到孤独、不安……

孩子进入新学校以后，每天放学回家，我都忍不住问她："你觉得新学校怎么样啊？""你结识好朋友了吗？""你上课举手回答问题了吗？"但是，孩子都不愿意回答我。这让我更加担心了，担心她是不是不适应新的环境。于是，我去学校找到孩子的班主任老师，想和老师交流一下孩子的情况。老师的一番话彻底消除了我的忧虑，他说："朵朵表现很不错，和同学交流也很愉快，绝对是个优秀的孩子。"

作为父母，我们有时总是会用大人的眼光审视孩子，用大人的思维去判断孩子，其实孩子没有我们想得那么复杂。孩子在面临新环境时，由于对周围人、事、物的不熟悉，起初会产生一些恐惧和不安，但这种恐惧和不安在孩子认识新同学、熟悉学校环境后，就会慢慢消失。所以，父母不要太过紧张和在意，并把这种情绪传递给孩子，这样会给孩子造成压力，不如抱着一种轻松豁达的态度，让孩子觉得进入新环境是件非常正常而自然的事情。

当孩子不得不面临转学的时候，首先，父母应该充分和孩子沟通对转学的看法，认真听取孩子的意见，这时千万不要反驳孩子，让他充分表达他的想法。如果孩子有抗拒转学的心理，父母可以告诉他新学校的一些优势，同时传递出对孩子的信心，对他说："以你的实力，无论在哪所学校，一定都可以得到老师和同学的认可！"父母还可以给孩子分析：许多人只是生命中的过客，不管是现在还是将来，很少有人能够做到和同样一批人生活到底，怎样与那些地域不同、爱好不同、性格迥异的陌生人打交道，甚至成为朋友，是多数人必须面对的也必须学好的一课。教导孩子要把眼光放到更长远的未来。别以为孩子不懂这些道理，只要好好跟孩子讲，孩子一定会明白父母的良苦用心。

但是，如果孩子进入新学校以后，一直对学校抱有排斥、抗拒的心理，那么父母就必须仔细探讨孩子不满甚至厌恶新学校的原因，帮助孩子化解这些心理上的障碍。如果孩子是因为成绩跟不上，感到学习很困难，父母应该缓解孩子学习上的压力，除了帮孩子树立信心以外，也要告诉孩子"只要你努力了，分数不重要"，同时，父母要借助新学校老师的帮助，让老师在学校多给孩子一些关怀和重视；如果孩子是因为到新班级交不到好朋友，或感觉自己一直无法融入班级中，父母可以主动替孩子制造认识新朋友的机会，例如让孩子邀请一些新同学来家里玩等，再鼓励孩子尝试与新同学多接近、多相处；如果孩子是不习惯老师的教学方法，或孩子在上课时受到老师的批评，父母要多与老师沟通——老师的作用很关键——老师的鼓励会让孩子更快地融入集体。当然，父母也应该引导孩子发现老师的长处，这有利于孩子从另一个角度更客观地认识他人，也更全面地接纳和理解他人，对孩子的学习无疑具有积极的作用。

　　作为老师，我曾经教过不少插班生。我发现，插班生往往会更加受到同学们的关注和欢迎，多数插班生能很快适应新学校的学习和生活。有的插班生甚至能在极短的时间内说一口流利的当地方言，让我不得不感叹：小孩子的适应力真是无比强大！

　　转学，对孩子来说是人生的一个转折，也是一个新的开始。它不仅锻炼了孩子的交际能力、应变能力，还能让孩子从小适应不同的环境。从这个角度来讲，也是一件好事。所以，家长应带着乐观积极的态度，鼓励孩子从被动适应新环境转变为主动融入新环境。

孩子在学校受伤，什么情况下学校有责任

孩子在学校上体育课时，老师让做游戏。孩子在游戏过程中不小心扭伤了脚踝，虽然孩子在学校买了意外伤害保险，但是我们也要承担一定的医药费。我家并不富裕，平时用钱也很节省，这次孩子扭伤脚花了不少医药费，如果学校有责任，我希望学校能负担一些。有朋友告诉我，孩子是在学校摔伤的，学校应当承担责任。也有朋友说，学校和老师没有责任，因为是我儿子自己扭伤的。孩子在学校受伤，什么情况下学校才有责任呢？如果学校确实有责任，作为家长，我们应该通过什么样的途径来要求学校负责呢？会不会因此得罪老师、得罪学校，对孩子不利？

如果你问一名校长，学校管理中最重要的是什么，答案一定是"学生安全"。学校领导最怕的是学生出安全事故，老师最怕的也是这一点。但是我们都知道，学生是"活机器"，尤其是小学生，精力充沛，在学校里磕磕碰碰是经常发生的事情，没有哪一所学校能保证学生不出任何安全事故。当学生在学校里出了安全事故，如果是轻伤，多数家长往往就自己处理了；如果孩子受了较重的伤害，家长也不知道该怎么追究责任。

其实，只要孩子在学校里出了安全事故，学校未尽到教育、

管理职责的，都应当承担责任，至于应承担多少，要视情况而定。

　　你的孩子是在体育课上扭伤了脚，学校一定有责任。不过，老师若是在游戏之前告知了安全注意事项，并且进行了监管，学校的责任会比较小；如果老师未告知安全注意事项也未做到监管，学校的责任就比较大。

　　建议你第一时间找到孩子的班主任老师反映情况。你可以这样对老师说："我们并非怪罪老师，孩子扭伤脚也是自己不小心。但是事情发生了，我们家经济情况不太好，如果能得到学校的帮助我们万分感谢。"老师如果收到家长真诚的求助，一定会尽力帮忙。我在做班主任的时候，也会遇到类似的事情。有一次，我们班有个很调皮的孩子穿着溜冰鞋到学校来玩，不小心把自己的胳膊摔折了。按理说，这和学校没有太直接的关系，但是，我了解到孩子是留守儿童，父母都在外地打工。孩子的奶奶哭着对我倾诉："饶老师，我一个人带孩子，真不知道怎么办啊，我又不敢跟他的爸爸妈妈讲，怕他们担心……"看到老人家如此无助，我努力和学校领导协调。最后，学校不仅为孩子申请了儿童医保，还安排老师去帮助照顾孩子。

　　当你的孩子在学校受伤，如果你不说，老师和学校领导都不会重视这件事，有些不负责任的学校领导甚至会睁一只眼闭一只眼，大事化小，小事化了；但如果你冲动之下，找学校领导大吵大闹，提出各种赔偿要求，这样做就是对班主任工作的极度不信任，会直接得罪班主任。学校领导在听闻这样的安全事故后，他们做的第一件事也是去找学生的班主任询问，如果这时班主任还不知道这件事情，他就会变得很被动，最后即便学校同意赔偿，结果也不一定理想。所以最明智的办法是通过班主任去协调解决安全事故，才会得到最佳的处理结果。

不管是家长还是老师，谁都不希望孩子在学校出事故，与其亡羊补牢，不如预防在先。

在学校里，老师一定会对学生进行常规的安全教育；在家里，家长也要随时提醒孩子预防校园危险。你可以这样告诉孩子："上下楼梯不要拥挤，以免挤伤或发生踩踏事故；在楼道的转角处要转大弯，以免和同学发生碰撞；听到上课铃响，不要冲进教室；不要站在教室门边玩耍，以免被门夹到手指；不要和同学做危险游戏，自己受伤或对方受伤都会承受苦果；不要用桌椅板凳或利器伤害同学，这样后果会很严重……"

我曾在新闻里看到这样一个案例：两个小学五年级的男生在做作业的时候打闹，用钢笔互相攻击对方。玩耍中，男孩A失手将笔尖戳向了男孩B的眼睛，因为用力太猛，男孩B的眼球被戳爆，被送到医院时已无法医治，男孩B从此盲了一只眼睛。法院判定男孩A家庭要赔偿男孩B几十万的费用。男孩A的家庭本来就很贫穷，突然背负巨债，男孩A也只得就此退学；而男孩B这么小就失去了一只眼睛，今后的生活也蒙上了一层阴影，两个家庭都陷入了无尽的痛苦之中。

只要看到这样的事情，我都会第一时间讲给我的孩子和学生们听，他们在听故事的过程中，自然就会明白哪些事情可以做，哪些事情不能做。

有些家长担心自己的孩子被别的小孩欺负，往往会教孩子："别人打你，你就要还击。"我们可以理解家长的心情，但是一定要提醒孩子：不能伤害对方身体重要的部位，例如五官、生殖部位等。

如果你经常给孩子讲一些危险故事或者预防危险的方法，孩子或多或少都会记住，这样就避免了很多校园危险情况的发生，也省去了家长和老师们很多的麻烦。

附录：小学问题百问千答——饶雪莉微访谈实录

提问 1：很想了解孩子在学校里的真实表现，但是和老师不熟，老师的回答也是简单带过，感觉很敷衍，该如何是好？

回答：首先，孩子在家要对他多多观察，看孩子有没有异常行为，如果有异常行为，及时和老师联系，让老师多加留意。只有家长和老师达成这样的共识，老师才愿意把孩子在学校真实的情况告诉家长，否则老师遇到不太熟悉的家长，可能有戒备的心理。负责的老师会很愿意和家长交流，如果家长不认同老师的教学方法，可以一起沟通找到解决方法。要直接和老师说，你不是那种不分青红皂白护着孩子的家长，让老师放下戒心，他才会和你毫无顾忌地沟通孩子的问题。老师不可能对每一个孩子每一段时间都关注得那么细致，所以聪明的家长可以每周定一个时间，给老师打一个电话进行沟通，或者每隔半个月、一个月和老师沟通一下，老师就会注意孩子的行为，及时告诉家长，这样的做法比较好。

提问 2：饶老师您好！前几天跟一位家长聊到一件事，她家一直崇尚素质教育，鼓励孩子表达自己的想法，可是孩子上了小学之后屡屡受挫：书本上的问题必须只有一个答案，而且有的问题的答案孩子很不认同。这种情况该如何跟小孩沟通？如何解决这样的问题呢？

回答：家长应充分肯定地告诉孩子："你有自己的想法是很好的，但并不是所有人都能认同你的想法，老师有时为了提高课堂效率，可能会否定你的想法，这并不代表老师不喜欢你。你可以在下课后再和老师进行交流。"同时，家长应主动找到孩子的老师，告诉老师自己的教育理念，让老师能够理解，并和家长达成共识，尽量尊重孩子的个性发展。

提问 3：我目前按照饶老师的方法，放手让儿子自己安排学习和玩的时间，上学期是半放手，现在是二年级下学期，我已经完全放手了。儿子经常在学校就写完了家庭作业，回到家就会很自觉地给自己安排看课外书，吃过晚饭下楼进行体育锻炼或者玩，晚上回家睡觉前看会儿课外书或听会儿故事。现在儿子在家几乎不会看课本，早上起来也看的是课外书。儿子看起来很开心，从最近的学习来看效果也非常好。我想请问饶老师：我要不要继续坚持放手？还是需要让孩子看看课本？请问孩子这样安排自己的时间是否合理？还有，孩子看一套书会反复看很多遍也舍不得放下，这样好不好？谢谢！

回答：既然孩子的学习效率非常高，你还有什么可担心的呢？继续你的坚持吧！孩子只要学懂了课本上的知识，回家不看课本是可以的。一套书反复看很多遍这是很多孩子都喜欢的，因为孩子喜欢相同内容的反复刺激，这会让他们体会到快乐。正如有些孩子喜欢重复地看同一部动画片一样，没有所谓好不好，这只是孩子在现在年龄段的一个正常表现而已，尊重即可。

提问 4：饶老师，您好！有的老师在教学方式方法上和家长有不同的见解，家长想提意见，但是害怕会影响到老师对孩子的态度。还有的老师身兼其他的职位，会比较忙，不能及时批改孩子的作业，导致孩子的成绩有所下降。家长想和老师提意见，但是怕老师接受不了，影响对孩子的态度，请问这该如何是好？

回答：其实这个问题很多家长都会遇到，每个老师的教学方法都有所不同，家长如果发现老师的有些地方不能如你所愿，首先应该找到老师的问题所在。不要一味地听其他人说老师的教学方法如何，应该自己去观察一下，看老师到底是哪方面出了问题，是因为他的教学功底不够、教学能力不足，还是业务素质不强？然后针对老师的问题，家长可以送老师一些有关教育的书籍或者教学碟片，也可以和老师聊天，谈谈在当下媒体上看到的一些关于教育方面的事情，阐述一下自己的观点。家长当面和老师沟通的过程中，没有必要立刻说老师的教学方法不好，更不要当着老师的面赞扬其他的老师，这会让老师心里不舒服，造成沟通困难。家长应该肯定老师的辛苦和付出，表达对老师的感谢，然后在友好轻松的谈话氛围里提出合理的建议，这样老师会比较乐于接受。还有就是，可以和其他家长一起找到学校的领导，提出建议，让领导重视家长的意见。

提问 5：老师经常调课、补课，有时一个上午全部上一门课，这会让孩子感觉很疲惫，这种情况可不可以提出来？如果提，该如何提？

回答：如果老师是偶然进行调课，是很正常的，因为学校有自己的工作安排，老师身兼数职，有时会遇到一些活动，需要进行必要的调课。偶尔的调课，负责任的老师会提前告诉同学做准备，如果是临时性的调课，学生没有带书，没有做好准备，也是可以理解的。但如果是经常调课的话，还是有问题的。家长可以和其他的家长交流，然后共同和老师谈谈，咨询老师为什么会经常调课，是学校的原因还是老师个人的原因，然后和老师沟通解决。

提问 6：孩子的作业能否布置得少一点？孩子低年级，功课不紧，有很多的兴趣爱好想要在空闲时间完成，那么学校的作业能否在学校里就完成？

回答：多数学校对老师布置作业的量有大致规定，但很多老师还是会根据自己班里孩子的情况来布置作业，当家长发现孩子的作业量变多，首先要注意一点：不能当着孩子的面责怪老师。例如看到孩子做作业到很晚了，有的家长会当着孩子的面责怪老师，更有家长为了应付老师，帮孩子写作业，这样会导致老师对家长的反感。其实有几个方法家长可以用一下，首先，家长可以在孩子作业本上写下孩子每天做作业的起始时间，例如："孩子今天做作业从7点到9点，中途没有休息。"这样的批注给了老师一个暗示，老师就会注意到布置的作业的确多了，负责的老师会意识到自己的问题，就会调整作业量。又或者可以让孩子选个合适的时机，和老师直接交流，说作业好多，昨晚都没有睡足觉，老师看到孩子天真无辜的样子，也不会生气。其实老师都是很爱孩子，真心希望孩子好的，只要用巧妙的方法，让老师意识到自己的问题，使问题得到解决就好。

提问 7：孩子班里的班长太凶，他感觉很害怕，希望老师可以提醒班长注意态度，这样的问题该如何提？

回答：当孩子回家反映班长很凶的时候，家长首先要耐心询问，到底班长凶在哪里？凶的程度？因为班长作为同龄人，如果太温柔，是管不住那么多的小朋友的，必须得有威严性。如果班长有打骂孩子、说很难听的话、伤害孩子自尊心的情况，家长要多问其他家长，看看大家是不是都遇到过这样的情况，如果大家都有这样的感觉，班长管理方法的确有问题，家长可以联合起来向老师反映，让老师帮助班长改善方法，毕竟他也是个小孩子。但是，如果只有自己的孩子有这样的感觉，其他孩子都没有这样的感觉，那就要看看是不是自己的孩子有点胆小，如果是这样，那就要调整自己的孩子的想法，让他换位思考，只要班长没有动用武力，没有讲难听的话来伤害孩子，那么班长的行为还是在合理管理范围内的。孩子需要和不同性格的同学相处，这也是培养他人际交往能力的好方法。

提问8： 孩子在学校里，遇到很严厉的老师就像老鼠见了猫，家长该怎么做才能让孩子不惧怕老师？

回答： 如果孩子在学校很怕老师，大多是因为家长给孩子灌输的思想不正确，家长经常拿老师当挡箭牌，恐吓孩子，所以孩子才会对老师产生惧怕。其实老师还是很爱孩子的。或许，有的老师真的不苟言笑，很严肃，解决办法是：经常在孩子面前说老师很喜欢他，经常在老师面前说孩子喜欢他，让双方都对彼此产生好感，老师就会对孩子更多地关注，而孩子也就不会太害怕老师了。因为每个人都需要赞美，家长需要多多调和。

提问9： 孩子因为说话受罚，又害怕管理生，所以总向我们抱怨管理生的问题。感觉管理生在管理学生上欠缺"尺度"，这该如何和老师说？

回答： 因为管理生只是年级稍高的学生，管理经验也不足，学校应该先培训管理生，不能让他们没有经验就"上岗"。家长可以和学校的领导交流，让建议得到领导的采纳，改善管理生这方面的不足。而且家长要告诉孩子，不要过于胆小害怕，对合理的事情还是要提出要求，要培养孩子的应变能力。

提问10：我的孩子最近学习有进步了，不过时常看见他不太开心的样子，后来询问才知道压力来自成绩排名。我们很高兴孩子有了进取心，但是又怕他不快乐，雪莉老师，这该怎么办啊？

回答：告诉孩子："爸爸妈妈根本不在意你的名次，只要你的学习态度是认真的，你取得什么样的名次我们都为你感到高兴！"家长帮孩子卸下心理包袱很重要。

提问11：孩子快9岁了，还没有什么特别的兴趣爱好怎么办？孩子在幼儿园时也陆续学过英语、画画，舞蹈、围棋、象棋等，都是孩子自己要求去学的，可每次学一两期，孩子就没什么兴趣了。看到别的孩子都有自己的特长，作为家长，我们也想自己的孩子能多学点才艺，可看孩子好像对什么都没多大兴趣。请教饶老师，现在家长能做点什么呢？

回答：兴趣不是与生俱来的，是在孩子成长的过程中慢慢形成的，孩子也需要不断地尝试和摸索才能找到自己真正的兴趣。家长要尊重孩子"喜新厌旧"、不能持之以恒的心理，不要将自身的焦虑转嫁给孩子，不对孩子寄予过高的期望，哪怕孩子半途而废，也不要责骂打击孩子，让孩子大胆地接受不同兴趣的刺激，他才能在众多兴趣中找到自己真正喜欢的是什么。如果一个孩子在学了很多兴趣班以后都不感兴趣，就不必再勉强，世上的兴趣千千万：天文地理、琴棋书画、花鸟虫鱼、衣食住行、吃喝玩乐……不是小小的兴趣班能包含的。而且，兴趣是贯穿一生的，不在年龄的大小，只要孩子有一双善于发现新事物的眼睛，有对生活无尽的热情，随时随地都能发现自己的兴趣。

提问 12：我女儿上二年级，是个活泼好动的孩子，老师总反映她上课习惯不好，总是手里有小动作，比如画画、折纸等，弄得地面也不干净。但是她学习成绩不错，做作业也很快，上课内容都能吸收，回答问题很积极，只是老师总说这个习惯以后会影响她学习，说得她都不太喜欢上学了。我该如何和老师沟通，如何引导孩子？

回答：告诉老师："我们会帮助孩子改正坏习惯，但希望老师能多给孩子一些时间，多给孩子一些鼓励。"告诉孩子："老师指出你的坏习惯是因为老师特别喜欢你，老师经常和我们说你的优点，你聪明好学、成绩好，老师希望你能更加全面地发展，爸爸妈妈相信你一定可以做到的！"

提问 13：请问饶老师：因为这学期儿子刚换了新的班主任老师，我对老师不够了解，也不好主动打扰老师，因此我会每天在儿子的作业本上写下他作业完成的情况，并且会感谢老师的辛勤付出。这样做可以起到和老师沟通的作用吗？谢谢！

回答：可以，至少能让老师感受到你是一位认真负责的家长。但你不只要感谢老师，也可以在作业本上和老师交流一下孩子出现的问题，家校配合，更好地教育孩子。

提问 14：我的孩子上小学二年级了，每回考试、作业，老师都要求签字。我应该写些什么呢？

回答：考试签字，可以分析一下孩子试卷上的问题或写上鼓励的话。平时作业，可以写上孩子完成作业的时间效率等，也可利用孩子的作业和老师进行互动交流，不必太复杂，一两句话简明扼要就行。老师能从中感觉到你的负责与真诚。

提问 15：孩子上小学一年级，学习成绩不成问题，在班里也算是一个代理班长，可是我问他喜欢哪门课时，他说没有一门喜欢的；问他喜欢哪个老师，他也说，哪个老师都不喜欢。我比较担心他这样的状态。怎么才能让孩子喜欢学校呢？

回答：孩子的这种回答不代表他都不喜欢，有的孩子这样回答只是为了应付家长的提问，你不必担心。我建议你平时多和孩子做亲子游戏，让孩子充分信任你、喜欢你，这样他才会把自己内心真实的想法告诉你。同时，你也可以在家多说一说学校、老师的优点，让孩子耳濡目染。

提问 16：饶老师您好！我是小学五年级学生的家长，请问：孩子能认真完成作业，各方面表现也还不错，就是学习成绩不理想，如何帮助她提高呢？我应该如何和老师沟通？谢谢！

回答：请先找到孩子成绩不理想的原因，是学习方法不对？还是考试紧张？或者是有不懂的问题没有及时提出来？找到原因后再"对症下药"。可直接询问老师，请求老师帮忙一起找找原因。

提问 17： 孩子主动要求补课，他的数学比较薄弱，我们想孩子学习优异，但又怕他太辛苦，虽然现在很多孩子都在报各种学习兴趣班。我们应不应让他去补数学课呢？

回答： 如果是孩子主动要求补课，你可以这样告诉孩子："补课会很辛苦，如果你想成绩优异，有很多方法，不一定非要采取补课的形式。比如你可以改进你的学习方法，爸爸妈妈也愿意帮助你提高成绩。"若孩子还是执意要补课，那就接受他的要求，但要给他卸下包袱，告诉他："补课后即使你的成绩没有提高，我们也不会责怪你。"让孩子轻装前进吧！

提问 18： 老师您好！我姑娘今年9月就6周岁了。我打算让她上一年级。请问老师：我姑娘胆子有些小，性格有点懦弱，在今后的学习和生活中家长该如何引导？

回答： 家长你好！孩子胆小、性格懦弱，多多少少与家庭教育有关，例如家长对孩子要求过于严格或者说家庭氛围过于严肃、家庭成员教育观念不一致等。建议在孩子进入小学以后，家长首先要给孩子建立一个轻松幽默的家庭氛围，让孩子放松，卸下包袱，增强自信。其次提前告诉班主任老师孩子的性格，请求老师多一些关注和鼓励。

提问 19： 请问饶老师：如果孩子在学习上感觉还不错，自己也很开心，在家长不太了解老师的情况下，是否有必要和老师联系？如果联系，要怎么说呢？谢谢！

回答： 家长你好！孩子学习好，自己也开心，很多家长就觉得没必要再和老师联系了。但孩子再优秀，也离不开老师的引导和培养，家长也应该定时和老师联系。联系时，主要表达对老师的感谢即可，如："感谢老师对孩子的培养，孩子很喜欢您，我们做家长的也为孩子能遇到您这样的好老师感到幸运！""谢谢您这么重视我的孩子！""孩子最需要老师对他的赞扬和肯定！"……这些话都会让老师倍感尊重，认为自己的付出没有白费。同时，也教会孩子，从小学会感恩。

提问 20： 在当前教育资源稀缺的前提下，"应试教育"不可避免，而这种教育本身就是需要艰苦的学习和付出来成就的，如何还能快乐呢？看似一个"鱼与熊掌不可兼得"的命题呀。坐等饶老师的解答。

回答： 家长你好！正如你所说，"在当前教育资源稀缺的前提下，'应试教育'不可避免，而这种教育本身就是需要艰苦的学习和付出来成就的……"我们所说的帮助孩子找到"快乐成长"和"应试教育"的最佳平衡点，并不是说孩子就不付出努力了，而是家校配合，老师和家长能想出许多高招，引导孩子把枯燥的学习变成有趣的事情，尽量让孩子找到适合自己的学习方法，完成学业目标。

提问 21：最近孩子两回测验都没考好，对学习都不自信了，有什么方法帮助他呢？

回答：孩子测验没有考好，他自己的内心已经很难受了。家长要做的就是不要在孩子面前表现出对他成绩不满意的态度，然后告诉孩子：分数不能代表一切，偶尔的失误是很正常的，只要好好努力，下次就会更好。必要时，也可请求孩子老师的帮助，家校配合，重新树立孩子的自信心。

提问 22：饶老师好！我们家小孩还没上小学，幼儿园里孩子在一块儿玩的时候，总有些孩子喜欢打人，我家孩子还小，难免受苦，要怎么跟老师沟通呢？

回答：引导孩子学会和不同的小朋友相处，这也是在培养孩子的交际能力。孩子在上学过程中总会遇到形形色色的同学，家长无法帮他过滤，更无法每次都帮他解决问题。除非孩子受到了过度的伤害（身体或心灵上），否则，家长不必麻烦老师。这个"度"家长应该可以把握。

提问 23：饶老师，读了您的《别让孩子伤在小学》深受启发。不过孩子总是不爱做作业，现在长大了还老爱跟我顶嘴，没做作业还挺有理由的，这种情况怎么解决呢？

回答：我们首先要明白，孩子做作业的目的是什么？是让孩子巩固知识，培养孩子良好的学习习惯。如果孩子每次做作业都要家长的再三督促甚至从始到终的陪伴，那还能有效地达到孩子做作业的目的吗？所以，当家长发现孩子不爱做作业时，或没有家长盯就不能完成时，家长干脆就彻彻底底地放手一次，从孩子回家开始，就绝口不提让孩子做作业的事情，随便孩子如何，家长都看之任之。如果孩子自己做作业了，不管他做到几点，让他自己完成；如果他不做作业，你也不要干涉，剩下的事情交给老师。第二天家长应提前告诉老师："孩子昨晚没有完成作业，任由老师处罚。"让孩子为自己的错误付出代价，他才能认识到自己的错误。

提问 24：饶老师好！我家宝宝比照同龄孩子显小，准备今年上一年级，可是又怕她无法照顾自己，这方面要怎么跟老师沟通呢？

回答：孩子还没有上一年级，你怎么就怕她无法照顾自己呢？不必在事情发生之前妄下判断，自我焦虑。也许孩子比同龄人能更快适应小学生活，表现得更棒呢！要知道，孩子在学校的力量是比在家里强得多的！所以，你现在要做的就是鼓励孩子积极面对小学生活，并相信她一定可以做到！加油！

提问 25：饶老师您好！我家女儿现在是小学四年级，她对学习一点都不主动，作业不认真做，上课也不专心听，做事还很拖拉。

女儿在每学期开学的前两个月学习状态还是不错的，学习热情也是很高的，但后来就不行了，就像一个泄了气的气球一样完全瘪了，我现在对她真是失去耐心了，真的不知如何管教她了！

回答：如果你都对孩子失去耐心了，孩子的状态只会更加下滑。家长对孩子的期望会间接地在孩子身上产生很大作用。有实验证明，如果家长总是以积极的态度期望孩子，孩子可能就会朝着积极的方向去改进；相反，如果家长的态度消极悲观，那么孩子也会朝消极的方向发展。所以，你现在要做的是，给孩子足够的鼓励和信心，让她感受到你的正能量，从而积极进步！

提问 26：饶老师，您好！我家孩子今年刚上小学，每次跟老师沟通，经常会找不到话题，翻来覆去就是孩子的表现，感觉说来说去都是那几句话，不知道跟老师沟通的过程中应该要注意哪些问题呢？

回答：在老师面前不必紧张，把老师当成一个普通朋友，不必每次都谈孩子的表现，可以谈谈双方感兴趣的事情，或者赞美一下老师的着装、性格等。也可以聊聊自己家里的趣事，增进和老师之间的了解，下次再谈孩子的问题时双方也会轻松很多。

提问 27：饶老师您好！我家女儿9岁，上二年级了。她大大咧咧的，做事很粗心，做作业也非常粗心，经常看错字，口算不仅速度慢还常常做错题；做语文作业时经常会漏字，拼音也常写错；她的学习主动性也很差，班主任老师说她学习态度不好。请问像我家孩子的情况，该如何提高她的学习主动性、纠正她的学习态度？

回答：首先，父母不能总在孩子面前说"你非常粗心，你不能粗心"之类的话，这样会给孩子一种"负强化"。孩子会认为粗心本来就是我的毛病，更加理所当然地粗心。家长应告诉孩子："其实你很仔细，妈妈相信你一定可以做好的。"其次，家长可以借助老师的力量，让老师在班里当众表扬孩子认真仔细的那一次，这样，孩子学习的主动性一定会有所提高，学习态度也会慢慢转变的。

提问 28：饶老师您好！我家孩子上课的时候小动作特别多，老师找过我两次了，总让老师打电话也不好，想主动找老师一起"治治"孩子，怎么跟老师沟通？

回答：你的孩子上课爱搞小动作，他一定是聪明活泼的。你大可不必过于焦虑。接下来你要了解的是，孩子上课为什么要搞小动作，是老师的课堂不精彩吗？是孩子自己无法控制自己吗？孩子搞小动作时听课了吗？搞的什么小动作？等等。父母应引导孩子和老师"换位思考"，懂得尊重老师。家长和老师沟通时，可以请求老师和孩子约定，上课时眼睛尽量看老师，并跟随老师移动。老师多抽孩子回答问题，适时给孩子特别的眼神作为鼓励，并保证：这可是我们两人才有的秘密噢。

提问 29：饶老师您好！我家孩子今年 9 岁了，上三年级了，他现在有一个极大的缺点，就是做作业拖拉，做着做着就想别的事情，或做小动作，导致 10 分钟（好好做的情况下）能做完的作业，他要半小时或 1 小时以上才能完成，对此我真不知如何是好（我没有要给他加码，并且也说了他做完了就可以去玩或做自己想做的事，如看课外书、看会儿电视等）。他要是高兴时，做事情能做得很好，就是这种概率只有 1% 左右，导致他在学校老是挨批，考试分数上 90 分的情况极少。他有一个优点，是喜欢看课外书，可是他把看课外书作为挡箭牌了。请老师给我指点指点。谢谢！

回答：关于孩子做作业拖拉，有些方法可以推荐给家长。可将孩子做作业的时间划分为几个小段，如半小时分为 3 个 10 分钟，让孩子在 10 分钟之内完成规定的作业，做完后休息 2 分钟再继续完成。别看只休息 2 分钟，小孩子对时间往往没有多大的概念，他们会觉得只做了一小会儿作业就可以休息，真是太棒了，再开始做作业也会精神百倍，慢慢地，家长再把时间段加长。在孩子做作业之前，家长可以和孩子约定比赛，在规定时间之内，家长必须完成某件事情，孩子也必须做完作业，看谁完成得又快又好。一般来说，孩子对于游戏和比赛的方式都会比较感兴趣。看课外书是个很大的优点，家长要给予鼓励。阅读启迪智慧，阅读让人变得优雅、有内涵，阅读甚至可以改变人生。阅读绝对不会影响孩子的学习，只要帮助孩子调整好阅读和学习的时间就可以了。

最好让孩子自己分配阅读与学习的时间。

提问 30：请问和班主任老师保持怎样一个沟通频率会合适些？我们现在只有在家长会上和老师有个沟通，感觉少了些。

回答：确实少了些。如果家长平时工作不忙，建议每个星期和班主任老师沟通一次，可以电话交流，简明扼要地了解一下孩子的情况。若家长工作忙，至少也要一个月和老师交流一次，可电话、可面谈，沟通一下孩子的问题。

提问 31：《别让孩子伤在小学2》我已经读过了，很受益。但是我家还有个情况，在书里也没找到答案，就是我家孩子老问我要零花钱给他同桌——一个漂亮的女生买东西，那个女生让他做什么他就做什么。饶老师，我该怎么办呢？

回答：哈哈，无须过于担心，很多小男生在小学阶段都会有这样的情况，听命于同桌小女生。其实这并不代表什么，多数情况下，只是小男生觉得好玩而已。但是，用零花钱给同桌买东西这是不必的，你可以告诉孩子："爸爸妈妈也很喜欢你的小同桌，你可以邀请她到家里来做客，可以从家里带上你喜欢的东西和同桌分享，等你长大了，自己挣钱了，再给你喜欢的人买东西吧！"

提问 32：饶老师，我想问的问题是：我家闺女三年级了，以前每次做完作业都是我给检查，我看到有问题的给她说说，她改了，第二天老师看到的全是对的。可是我发现孩子有依赖心理了，自己不会主动检查，即使我让她检查，她也是大概看看，就是查不出错来。我想问一下，像这样的情况，我怎么帮助孩子，或者怎么和老师沟通一下，让孩子尽快学会自己检查作业呢？

回答： 建议你培养孩子自己检查作业的习惯，若起初孩子检查不出问题，家长不必责怪，也不要立即帮忙。即便孩子交上去的作业有错，家长也不要插手。然后家长要事先和老师说明情况，拜托老师在学校用老师的方式和孩子谈心，告诉她作业中出现的错误，让孩子以后在检查作业时多留心。孩子出现这种问题，老师的话往往比家长的话更有说服力，她下次一定会更仔细的！

提问 33： 老师您好！孩子总被同桌欺负，这件事要不要跟老师说呢？孩子说同学最讨厌"告状精"，就每天哭哭啼啼地忍着回家。如果有必要跟老师说，要怎么说才能和平解决呢？

回答： 孩子被同桌欺负，回家告诉家长后，家长最好不要马上去学校，即使你家孩子受到了委屈。家长亲自去学校帮孩子"解决"问题，这种做法会令孩子变得对家长有依赖感。孩子可能会相信只有依靠别人甚至"权威"才能解决问题。家长应耐心地聆听孩子的感受及想法，并引导他如何与同桌相处，鼓励他从不同角度思考问题，要让孩子实践他们认为最好的方案。当然，如果你的孩子和同桌总是闹矛盾，甚至影响到了孩子的学习或心理，你的孩子又特别胆小内向，什么都不敢说，总是忍气吞声，那么你可以代孩子向老师如实反映情况，在反映情况的时候，只需强调孩子的问题和父母的担心，无须责怪孩子的同桌，有经验的老师一定会知道怎么做的。

提问 34：饶老师好，我家姑娘特别爱美，那么冷的大冬天，吵着不穿羽绒衣，穿公主呢子外衣，后来依了她，结果她就感冒了……怎样才能让孩子不再臭美呢？

回答：爱美之心，人皆有之，只是每个人的强弱程度不同而已。孩子开始爱美了，说明她的独立意识萌发了，她是一个有主见的人了，你应该感到高兴才是。孩子对衣服的颜色、款式有自己的喜好，而有时，家长往往以自己的观点左右孩子，孩子又不愿服从，这就造成了双方的矛盾。孩子爱美没有错，关键是如何引导孩子正确看待美。家长在鼓励孩子爱美的同时，要让孩子认识到健康是美、善良是美、乐观是美，不把奢侈当作美，不把炫耀当作美，不把攀比当作美，不把怪异当作美，明白真正的美必须符合自己的年龄和身份。适当的爱美有助于培养孩子的自信与气质，有助于孩子与小朋友的交往。只要这个度把握好，让孩子从小美美的，有什么不好呢？

提问 35：您好老师！我儿子上二年级了，上学的时候总是被留校，因为课堂作业没有及时完成。其实作业不多，他就是不想马上去完成，只知道先玩，导致最后老师让他留校完成。软的硬的方式我都试用了，可就是不见效果啊……该怎么办呢？

回答：做作业是孩子自己的事情，家长应该像在放风筝，心中握着一根线，先让孩子远远地飞出去，让他自己翱翔，即便他在空中遇到一些颠簸，也不要着急收线。不管他做到多晚，让他自己完成。如果他不做作业，你也不要干涉，剩下的事情交给老师，任由老师处罚。如果不让孩子为自己的错误付出代价，他又怎么能认识到自己的错误？当然，有些家长会有这样的担心："孩子不做完作业，老师要批评孩子，还要批评家长不负责任啊！"确实会有这样的情况。这就又在于老师和家长的配合问题了。建议你和孩子的老师长谈一次，商议出一个好办法来帮助孩子。《别让孩子伤在小学2》里有一章专门提到这一个问题，有具体的解决办法，你可以参考一下。

提问36：请问饶老师，又到了放假时期，孩子不愿意做作业，怎么办呢？

回答：和孩子定好假期计划，安排好做作业和玩耍的时间。我的女儿前两天也是不做作业就盯着电视看。后来我和她定了丰富的假期计划，计划中有我陪她游戏的时间，我说你若不遵守，妈妈也不会遵守哟！她很爽快地答应了。现在我在访谈中，她正在一旁乖乖地做作业呢！

提问37：寒假开始了，孩子们的寒假作业却各不相同，现在大多数老师都采用"看分留作业"的方式，不知道饶老师对这个问题怎么看？

回答：我个人不赞成"看分留作业"，因为小学生的期末考试不像中考，更不像高考，它只是一学期结束时必须画上的一个句号而已，并没有什么实际的意义。而且，小学期末考试有很多客观的因素决定孩子的成绩——试题的难易程度、监考老师的严格与否、评卷老师的评判尺度等，这些都没有严谨的标准。如果老师和家长只以期末考试的成绩去表扬或者批评孩子，这对孩子来说是非常不公平的。再说，美好的假期，可以丰富孩子们的阅历，充实孩子们的心灵，锻炼孩子们的能力，让他们快乐成长。真正有智慧的老师会布置新颖的假期作业，让孩子们过一个愉快而轻松的假期！

提问 38：饶老师好，孩子回家后，我们问他学校的事情时他特别不爱和我们聊，不管是学习的事还是和同学之间的事，我该怎么做？

回答：小心，你和孩子之间已经有了距离，如果不缩短这种距离，孩子会离你越来越远。想真正做孩子最信任的朋友，应从心底放下家长的架子，把自己当作孩子，和孩子一起长大。因为你们只有始终在同一个高度，才有可能做朋友。家长要充分了解孩子的兴趣爱好，多和孩子互动玩耍，遇到问题一起商量解决，不要总是以过来人的身份讲道理。想走进孩子的心，就要先找到那把打开孩子心灵的钥匙，看孩子喜欢的书，玩孩子喜欢的游戏，看孩子喜欢的动画片，听孩子喜欢的歌……孩子一定会把你当作他最信任的人，向你敞开心扉，无所不谈！

提问 39： 饶老师您好！很喜欢您写的书。希望您多出几本有关孩子教育方面的书！我的孩子很喜欢吃垃圾食品，说了不听。我该怎么办呢？

回答： 谢谢你的喜欢，我一定会加油的！不爱吃零食的孩子几乎没有，零食和玩具一样，对孩子都有极强的诱惑力。我们不能完全反对孩子吃零食，但可以巧妙地控制孩子对零食的摄入量。家长和老师要采用多种途径告诉孩子：如何挑选零食；哪些是"三无"垃圾食品，对身体有什么样的危害等。多给孩子灌输这样的知识，才能让孩子用心记住。要带孩子去大超市买正规食品，还要教孩子学会看生产厂家、生产日期、保质日期、配料成分等，让孩子形成自我保护的意识。总之，对于美味的零食，孩子多吃无益，少吃也无妨，家长要放松心态，理智对待。

提问 40： 老师好！您觉得可以在孩子刚入学的时候，就给孩子选定艺术生这一发展方向吗？孩子有绘画天赋，对文化课学习不太感冒。

回答： 给孩子选定艺术这一发展方向不该由你决定，应该由孩子决定。只要孩子对绘画有兴趣，无论什么时候开始学习，他都能找到属于自己的精彩。另外，孩子才刚入学，你就已经判断出他对文化课"不太感冒"，是不是太早啦？别把自己的主观意识放在孩子身上，还是建议你多观察、多了解自己的孩子吧！

提问 41：请问饶老师，孩子上课不爱举手回答问题，老师说她是知道答案的，但就是不会主动举手，就算被老师叫到，也是脸唰地就红了，然后才慢慢地站起来。请问小孩这是什么心理？有什么办法解决吗？

回答：不必刻意去解决，孩子就是比较胆小而已，这并不代表她长大了也会是这个样子。如果家长过于强调，反而会让孩子更加胆小。我的学生成年后来看我，我经常会发现其中有些孩子的性格和年少时反差极大，那个曾经不言不语、一说话就脸红的小男生怎么突然变得能言善辩了？那个当年演讲台上谈吐自如的孩子怎么会变得沉默寡言？这是因为孩子在成长过程中，会受到环境、家庭、朋友、社会等各方面的影响，有些孩子的性格也会随之变化。如何让内向、胆小、不爱发言的孩子在童年时期健康快乐地成长，才是家长最应该关心的事。

提问 42：宝贝是个情绪化的孩子，比较急躁，因为考试太粗心被老师在同学面前说了两句，回家就直掉眼泪，看得我也不能再批评什么。个人也感觉老师单独找孩子聊会比较合适，在同学面前会伤孩子自尊。我该如何和老师沟通这件事呢？

回答：你不必烦恼，可直接告诉老师，孩子回家为什么事情掉眼泪了，孩子最喜欢老师的表扬，希望老师能帮忙疏导孩子。有经验的老师一定会知道怎么做的。

提问43：请问饶老师，现在有的学校有所谓的"快慢班"，也就是快班配备的老师比较好，孩子的成绩可以去快班，学校让家长自由选择就读快班还是慢班，作为家长有必要把孩子送进快班吗？

回答：如果你的孩子属于性格开朗大方型，智力和能力都强于同龄人或和同龄人相仿，那么把孩子送进快班未尝不可。反之，如果你的孩子属于性格内向胆小型，智力和能力都稍逊于同龄人，就没有必要把孩子送进快班承受压力了。其实小学生可塑能力都很强，完全没必要分"快慢班"，这无非是很多学校招揽生源的一种方式罢了。家长不用过于介意，没有关系，就让孩子自然分班，只要家长和老师好好沟通好好配合，孩子都能快乐成长。

提问44：有个问题想问饶老师，五六年级的孩子喜欢回到家就把自己的房门关紧，写日记也总是偷偷摸摸的。家长是应该装作看不见，还是禁止他们这么做？

回答：孩子虽小，也有自己的隐私。家长应尊重孩子的隐私，并且告诉孩子："每个人都有自己的秘密，大人也有。所以请放心，父母不会打探你的秘密。"孩子会为有这样的父母感到开心和放松。

提问45：请问老师，如何在课外培训班选择好老师呢？

回答：给孩子选课外培训班时家长一定不要草率，在孩子报名之前，家长应考虑到：培训班学生的普遍年龄是否和孩子相仿？培训班的办学资质是否如你所愿？当然，最重要的是，培训班的老师是不是真的像宣传的那么好？好的老师是孩子的引路人，能将孩子引入兴趣之门。但是现在培训班的师资队伍中也隐藏着一些为了混口饭吃并不具备相关能力的人，所以家长不要怕麻烦，应该多试听、多考察、多辨别。一般来说，正规的培训学校都欢迎家长随时试听，有能力的好老师随时经得住考验，不会把家长拒之门外。

提问 46：饶老师您好！关于中学生的问题，盼您给个建议。如何给初三的孩子选择"一对一"教师？曾经上过各种大班，前两天又从一家"一对一"机构退了。工薪家庭，为孩子进行了大量投入，他的成绩始终无法提高，眼看中考临近，困惑中！

回答：家长你好。其实不管是中学生还是小学生，家长在给孩子选择辅导班的时候，都一味去追逐名机构、名师、班型，却忽视了：只有孩子愿意学、学得懂，才是最有用的，否则，一切都是浮云。所以，建议你要首先和孩子沟通，让孩子从内心愿意去学，主动去学，只要孩子有了学习的积极性，哪怕不请辅导老师，孩子的成绩也会提高。

提问47：我家孩子比其他男孩要调皮一些，成绩属于中上等。有件比较令人头痛的事儿，家长会上班主任老师反映了一个情况：孩子上课时总喜欢左顾右盼或者不听讲，自己玩自己的，他都三年级了，不知道这习惯是否能改正？另外，回家问孩子，他说老师讲的内容他都懂，没兴趣听，您说说，像我们家的孩子适合什么样的老师呢？老师都喜欢成绩好、比较乖的学生，我担心孩子不受待见。

回答：其实，孩子上课不听讲，有很多因素：孩子天生注意力不集中，容易分心；老师上课不精彩，让人听得昏昏欲睡；孩子曾经回答问题遭到过老师的否定或者同学的嘲笑，自尊心受到了伤害；家长对孩子要求过于完美，孩子凡事谨小慎微，总担心出错……建议你先了解孩子不听讲的真实原因，再和老师做有效沟通。通常来说，调皮的男孩子适合教学方式活泼有趣、教学形式新颖的老师。

提问48：请问老师，什么样的老师才算好老师？

回答：小学老师需要"三心"：爱心、责任心、上进心。有了这"三心"，才算是一名真正的好老师。爱，是鉴别好老师的第一把尺子。第二把尺子便是责任心，有责任心的老师会把孩子的利益放在第一位，关心孩子，保护孩子，不让孩子受到伤害。上进心对老师来说也很重要。我所指的上进心是老师要有不断的求知欲和探索心。如果一位老师没有上进心，他也会逐渐失去孩子们对他的喜爱。